KB264293

新 TPM 초기관리
프로젝트 성공의 핵심 비법

新 TPM 초기관리
프로젝트 성공의 핵심 비법

초판 발행 2008년 1월 5일

지은이 | 김영인
발행인 | 권오현
부사장 | 임춘실
편   집 | 김경실 · 장은빈
기   획 | 이헌석
디자인 | 안수진
마케팅 | 김영훈 · 천정한

펴낸곳 | 돌을새김
주소 | 서울 종로구 이화동 27-2 부광빌딩 402호
전화 | 745-1854~5
팩스 | 745-1856
홈페이지 | www.noljabook.com
전자우편 | doduls@naver.com
등록 | 1997.12.15 제300-1997-140호
필름출력 | N.com(2635-2468~9)
인쇄 | 금강인쇄(주)(852-1051)
용지 | 신승지류유통(주)(2270-4900)

ISBN 978-89-6167-008-1　(03320)
Copyright ⓒ 김영인, 2008

값 12,000원
* 잘못된 책은 구입하신 서점에서 바꾸어 드립니다.

모든 일은 프로젝트다.
모든 프로젝트의 성공은 '초기관리'에 달려 있다.

新 TPM 초기관리

프로젝트 성공의 핵심 비법

김영인 지음

돋을새김

“시작과 끝이 명확한 일은 전부 프로젝트다.”
“우리 주변의, 내 일의 대부분은 프로젝트다.”

세상의 수많은 일들이 프로젝트성 일이다. 그리고 많은 사람들이 이 프로젝트들을 성공적으로 완수하려고 노력한다.

필자는 수많은 프로젝트들이 진행되는 것을 보아왔다. 실패하는 프로젝트도 있었고, 성공하는 프로젝트들도 있었다. 그동안 혁신 전문가로서 프로젝트를 성공으로 이끌기 위해 노력해왔다.

그러는 가운데 핵심적이고도 결정적인 성공 요소를 발견하게 되었는데 그것이 바로 이 책에서 소개할 내용, '초기관리' 라는 것이다.

어떤 프로젝트라도 이 '초기관리' 를 적용하면 성공도가 높아질 것이다. 또한 그 내용과 적용이 매우 쉽다. 하지만 아무리 쉬워도 일단 적용해본 사람만이 그 효과를 깨달을 수 있을 것이다.

초기관리 분야의 특성상 얼핏 보기에는 어렵고 번거롭게 느껴질 가능성이 높다. 그러나 틀림없이, 일단 한번 적용해보기만 하면, 아주 쉬운 과정이라는 것을 알 수 있을 것이다. 그리고 그 다음

부터는 한층 업그레이드된 경쟁력을 갖춘 프로젝트를 진행하게
될 것이다.

이 책에 실린 '초기관리'의 내용은 가히 '프로젝트 성공의 핵심
비법'이라고 할 수 있을 정도로 그 성과가 많은 현장에서 입증된
것들이다. 성공 사례들을 다 싣기 어려워 몇 가지만 소개했지만 현
장에서 실제 효과를 거둔 내용이므로, 독자들께서도 신뢰를 가지
고 이 책의 내용을 적용시켜볼 것을 권한다.

(주)영인컨설팅 대표
김영인

Contents

Contents

Contents

Contents

7 프로젝트의 다양한 사례

Ⅰ.

프로젝트는 무엇인가

시작과 끝이 있는 일은 전부 프로젝트에 해당된다. 그 일이 크든 작든 간에, 혹은 시간이 짧건 길건 상관없이 시작과 끝이 명확하면 전부 프로젝트이다.

이 책에서 다루고자 하는 주 된 내용은 '초기관리'이다. 초기관리란 어떤 프로젝트를 진행함에 있어서 초기에 잘 준비하여 최고의 스피드로 최고의 성과를 내도록 하는 일을 의미한다. 즉, 이 책에서는 초기관리를 위한 업무 틀을 잘 갖추고 그것을 실무에 적용하는 방법을 다루게 될 것이다.

그런데 초기관리를 논하려면 프로젝트에 대한 이해가 우선되어야 한다. 초기관리는 그 대상이 프로젝트이기 때문이다. 앞으로 설명이 되겠지만 프로젝트는 이 세상에서 수행되는 일 중에서 가장 중요한 부분을 차지하고 있다고 해도 과언이 아니다. 따라서 이러한 프로젝트의 성공은 전부의 성공으로 이어지게 될 것이다.

01...

지금 왜 프로젝트인가

이 세상에는 수많은 일들이 존재한다. 거의 모든 일들은 사람들이 먹고 살기 위한 직업 속에서 일어나는 일들이다. 이러한 일들을 뜯어보면 프로젝트 성격을 띤 것들이 상당 부분 차지한다. 프로젝트 성격을 띤 일이라고 표현하는 이유는, 프로젝트라고 이름을 붙이지는 않았지만, 그리고 그 일이 프로젝트 성격의 일인 줄도 모르고 수행하고 있지만, 사실은 프로젝트인 일이기 때문에 그렇게 표현한 것이다.

프로젝트란 시작과 끝이 있는 일은 전부 해당된다. 그 일이 크든 작든 간에, 혹은 시간이 짧건 길건 상관없이 시작과 끝이 명확하면 전부 프로젝트이다.

사실 이런 기준으로 보면 모든 것이 프로젝트이다. 단지 우리가 어려움 없이 쉽게 할 수 있는 일들을 제외하고 특별한 노력을 들여야 하는 일들을 구별하여 프로젝트라고 일컫는 것에 불과할 따름이다.

그런데 세상의 변화 속도가 점점 빨라지고 있는 데에서 이 프로젝트의 중요성이 점점 확대되고 있다. 세상의 변화에 빠르게 대응하지 않으면 경쟁력을 유지하거나 확보할 수 없음을 간파하여야 하는 대목이다.

웬만한 회사의 개발부서는 모든 일이 프로젝트이다. 이 세상에 많은 프로젝트들이 있지만 개발 프로젝트나 신규사업 셋업 프로젝트 등처럼 그 비중이 큰 일이 없을 것이다. 이의 성패가 회사나 사업의 성패와 직결되기 때문이다. 그래서 이러한 프로젝트의 성공이 매우 중요하다. 신제품의 라이프 사이클이 점점 짧아지는 변화의 가속화가 진행되는 이 시대에 프로젝트의 중요성을 간과해서는 안 된다.

〈그림 I . 1-1〉은 프로젝트를 충실히 수행했을 경우와 그렇지 못했을 경우를 비교하는 그래프이다. X축은 시간축이고 Y축은 비용축이다. 시간축에서, 중심을 기점으로 좌측은 개발이나 준비하는

그림 I . 1-1   프로젝트 활동 성패 비교 그래프

효과(수입)
①
②
A
'수입의 차이'
①번 프로젝트의 시작
②번 프로젝트의 시작
B
생산 시작 시점
시간
'비용의 차이'
=
'프로젝트 활동 품질의 차이'
지출(비용, 노력)

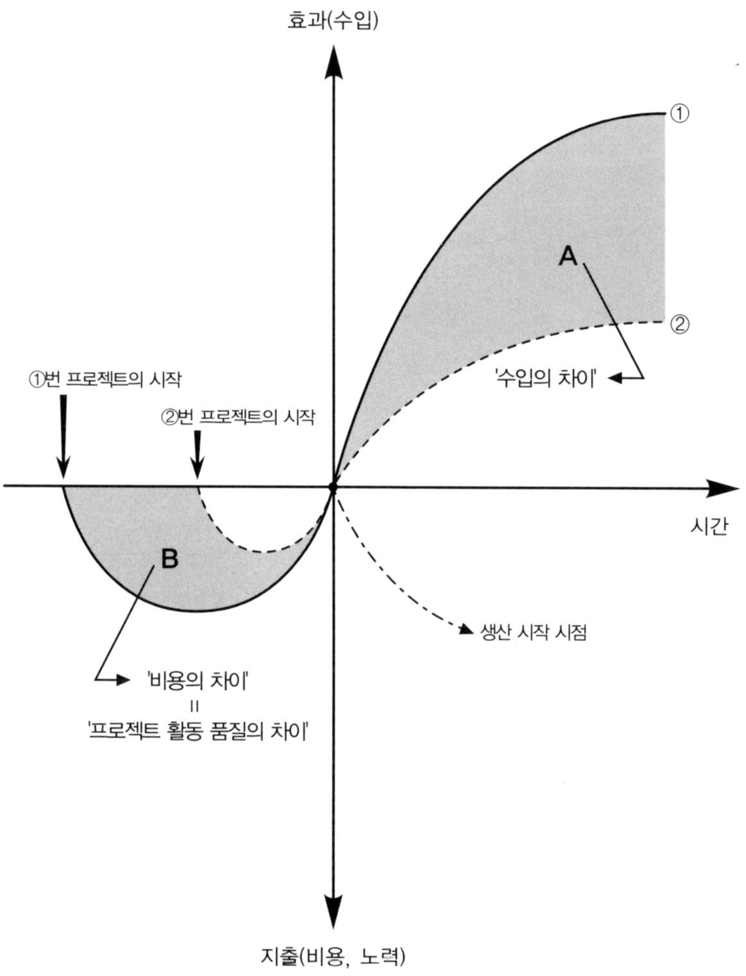

18

기간이 되고, 우측은 그 개발한 것이나 준비한 것이 효과를 내는 기간이 된다. 비용축에서는 중심을 기점으로 아래로는 지출을 의미하고 위로는 수입을 의미한다.

그림에서 곡선 ‘①’은 프로젝트 활동을 충실히 한 경우가 되고 곡선 ‘②’는 프로젝트 활동을 충실하게 못한 경우가 된다. 곡선 ② 는 시간축에서 좌측에 해당되는 ‘초기관리’ 기간을 짧게 가져가고 비용도 적게 들었지만 수입곡선이 저조하다.

곡선 ①은 초기관리 기간도 길고 비용도 많이 들었지만 수입곡선이 매우 양호하여 결과적으로 그림에서 ‘A-B’만큼의 더 큰 이익을 보게 됨을 알 수 있다. 즉, 그 프로젝트를 준비하는 부분과 셋업하는 부분으로 크게 나눈다면, 준비하는 부분의 충실성이 얼마나 중요한지를 말하는 것이다.

필자는 삼성반도체에 재직할 때나, 하이닉스 반도체 등 컨설팅하면서 신규 라인 증설이라는 큰 프로젝트들이, 이 책에서 소개하려는 비교적 간단하고 쉬운 방법을 통해 크게 성공하는 것을 확인한 바 있다. 프로젝트가 간단하다는 뜻이 아니라 프로젝트를 제대로 이행할 수 있게 해주는 방법이 간단하다는 뜻이다.

메모리 반도체 사업은 제품의 라이프 사이클이 매우 짧은 특징을 가지고 있다. 따라서 제품의 개발과 신규 라인의 증설이 매우 중요한 사업요소를 차지한다. 이 대표적인 두 요소의 실패는 곧 사업의 실패로 이어진다. 왜냐하면 신제품의 개발과 양산에 투자되는 고정비가 막대하기 때문이다. 이러한 신제품 관련 프로젝트가 실패하면 초기 투자비 회수율이 낮아져 경영에 심각한 타격을 초래하게 된다.

그러나 역으로 그러한 위험이 있는 요소를 성공적으로 만들기만 하면 확실히 차별화된 경쟁력을 확보하게 된다. 이러한 예는 비단 메모리 반도체 사업에만 적용되는 것이 아니라 이 세상의 어떤 사업에도 똑같이 적용된다.

프로젝트의 사업상 비중과 그 성공의 중요성을 확실히 짚고 넘어가야 한다는 것을 의미하는 것이다. 이 책에서는 아주 쉽고 간편한 방법으로 모든 프로젝트 활동을 성공할 수 있도록 안내하는 내용을 다루기로 한다.

...02

프로젝트의 확실한 이해

프로젝트(project)란 단어의 사전적 의미는 "어느 특정 목적으로 실시되는 프로그램 설계나 연구개발, 건설공사 등, 한 번에 그치는 성격을 갖는 일이나 사업"으로 되어 있다.

그런데 우리 주위를 돌아보면 이러한 프로젝트 성격의 일인데 프로젝트로 인식하지 않고 관행적으로 지나치는 경우가 많다. 즉 한번에 그치는 성격의 일인데 이를 명확히 구별하여 관리하지 못하는 것이다. 여기서 한번으로 그친다는 의미는 다른 일이나 부문과의 관련성이 없다는 것이 아니라 전체 시스템 속에서의 한 부분으로 매듭이 지어진다는 것을 말한다.

가령 학교에서 중산고사 시험을 치른다고 해보자. 학생들에게
는 시험공부의 시작에서부터 시험을 치를 때까지를 한마디로 구
별하여 '중간고사 프로젝트' 라고 일컬을 수 있을 것이다. 물론 이
'중간고사 프로젝트' 의 성패가 뒤에 또 다른 학습과 큰 영향을 미
치는 관계가 있음을 우리는 잘 알고 있다. 이와 같이 우리의 수많
은 일들도 마디마디 구별되이 있는 프로젝트로 구성되어 있는 것
이다.

그러면 이렇게 프로젝트로 구성되어 있다는 것이 무엇을 의미
하는 것인가? 이는 그 일을 훨씬 더 잘 할 수 있는데 그렇지 못하다
는 것을 내포하고 있음을 의미한다. 실제로 이러한 일이 일어나고
있는 현장에서는 그러한 사실을 인지하지 못하고 그냥 지금까지
해왔던 대로 많은 시행착오를 안은 채 진행할 따름이다.

이런 상황에서 어떤 변화가 닥치게 되면 더욱 많은 시행착오를
일으키게 되고, 그로 인해 우리의 일을 악순환의 궤도로 진입하게
하는 결과로 이어지게도 한다. 악순환의 궤도로 진입하면 그때부
터는 일이 힘들어진다. 노력은 노력대로 들이지만 성과는 나지 않
고, 그 결과 경쟁력은 떨어지고, 여기저기서 보채는 사람은 많아지
고, 사람들의 기분도 나빠지면서 전체적으로 침체하는 쪽으로 흘

러가게 하는 것이 반복되는 것이다.

여기서 이 책에서 소개하려는 프로젝트 진행 방법의 의의와 중요성이 부각된다. 이 프로젝트 진행 방법은 비교적 쉽고도 간편한 과정의 이행으로 시행착오를 없애면서 성과를 높이 내는 성공 프로젝트로 이끄는 내용을 담고 있다.

프로젝트의 성공은 선순환의 단초가 된다. 대부분의 프로젝트는 어떤 큰 일의 앞부분을 장식하기 때문이다. 따라서 앞부분이 탄탄하고 빠르게 구축이 되면 자연히 그 뒷부분이 그 영향을 받아 순조롭게 진행되는 것이다. 그래서 이러한 프로젝트를 성공시키기 위한 활동을 '초기관리'라고 일컫는다. '초기'에 잘하면 그 다음이 잘되기 때문이다.

여기서 또 한 가지 우리가 놓치지 말아야 할 것은 프로젝트를 프로젝트로 구별해낼 줄 알아야 한다는 것이다. 성숙된 사람이나 조직일수록 프로젝트가 많다. 혹은 프로젝트 성격으로 명쾌하게 매듭을 지으며 일하는 비율이 높다. 그만큼 자신들의 일을 잘 꿰뚫고 있음을 의미하는 것이다.

앞에서도 언급했지만 우리의 업무 속에는 상당 부분이 프로젝트 성격의 일로 채워져 있다. 따라서 그 프로젝트 성격의 일을 어떻게 성공적으로 수행하느냐에 따라 업무의 성과나 경쟁력이 만들어지는 것이다.

프로젝트에 해당되는 일들

1. 수험생들의 시험	22. 선거
2. 운동선수들의 시합	23. 급여 책정
3. 결혼	24. 고장 제로 만들기
4. 임신에서 출산까지	25. 원가절감
5. 여행	26. 신제품 도입
6. 손님초대, 접대	27. 설비개조
7. 대청소	28. 체중 감량
8. 신규 장비 구입	29. 습관 고치기
9. 생산능력 증대	30. 쇼핑
10. 신입사원 채용	31. 출장
11. 신입사원 교육훈련	32. 체육대회
12. 이사하기	33. 주문제품 납품
13. 새로운 고객 만들기	34. 개별개선
14. 판촉행사	35. 영화제작
15. 모랄 증진 행사	36. 연극, 뮤지컬 공연
16. 책 출판	37. 방송물 제작, 방영
17. 입학식	38. 시스템 개발
18. 송년회	39. 설비 셋업
19. 수율 및 품질 향상	40. 설비 이설
20. TPM 추진위원회	41. 신제품 개발
21. 월례회의	42. 김장 담그기

시스템 개발, 신제품 개발, 건설공사, 대형 행사, 대형 탐사 등과 같이 별다른 설명이 없이도 우리가 프로젝트로 인식할 수 있는 것들은 당연히 프로젝트이다. 그러나 자세히 살펴보면 이러한 확연한 프로젝트 외에도 우리의 생활 속에는 수많은 프로젝트들이 존재하고 있음을 알 수 있다.

〈표 I . 2-1〉은 무작위로 프로젝트 성격의 일들을 나열해본 것이다. 여기에 나열한 것이 전부라는 뜻이 아니라 이러한 식으로 우리 일을 생각해야 한다는 것을 강조하는 것이다. 즉, 프로젝트로 명쾌히 구별해낼 수 있는 시각을 갖자는 것이다. 우선 그것이 잘 되어야 다음에 논하는 것들의 활용 범위가 커지기 때문이다.

〈표 I . 2-1〉에 담긴 것들 이외에도 무수히 많은 프로젝트들이 우리 일 속에 널려 있다. 이 책을 읽는 독자들은 우선 자신의 매일매일의 일 속에서 이러한 프로젝트들을 구별하여 나열해볼 것을 권한다.

그리고 그중에서 가장 중요한 것으로 여겨지는 프로젝트를 선정하여 이 책에서 안내하는 대로 따라 하며 훈련해본다면 아주 효과적으로 될 것이다.

우리가 우리의 일을 프로젝트로 구별해내면서부터 이미 성공은 시작된 것이나 다름없다.

03...

프로젝트 성공의 핵심

현장에서 나타나는 프로젝트 관련 문제점

우리가 일하는 현장에서 프로젝트 관련된 문제점을 짚어본다면 크게 두 가지로 나눠볼 수 있을 것이다. 첫째는 앞에서도 언급한 것처럼 프로젝트를 프로젝트로 구별하여 관리하지 못하는 것이다. 프로젝트인데도 프로젝트인지도 모르는 채 일을 하고 있다는 것은 매우 낮은 수준의 관리 상태임을 보여주는 한 단면이다. 이러한 곳에서는 일에 대한 명확한 성과 측정이 불가능하고, 따라서 문제점을 찾아 개선하는 활동이 활발해질 수 없다. 자연히 시행착오를 반복하는 악순환 현상이 나타나지만 프로젝트가 일 속에 묻혀 있어서 무엇을 어떻게 해야 좋을지 알 수가 없다. 따라서 관행적으로 과거와 같은 반복만 계속하게 되는 것이다.

이러한 곳은 무엇보다도 먼저 될 수 있는 대로 세밀하게 프로젝트를 구별한 뒤, 이 책에서 제시하는 방법대로 실천에 옮기는 작업을 한다면 아주 빠르게 선순환의 궤도로 진입하는 효과를 볼 수 있을 것이다.

두번째 문제점은 프로젝트를 구별하여 진행을 하는 데 효과적인 틀이 없이 진행함으로써 많은 시행착오가 발생하는 것이다. 이런 경우의 대부분이 그 프로젝트를 맡은 사람의 머리에 의존하여 일이 진행된다. 그래서 어떤 부분을 빠트리고 지나가는 경우가 생기고, 바로 닥칠 일을 미리 준비하지 못하여 뒤늦게 급하게 움직이는 경우도 발생하고, 각 단계별로 질적으로 철저히 확인해야 하는 항목을 소홀히 판단하는 경우도 발생하게 된다.

프로젝트를 수행함에 있어 이와 같은 시행착오는 많은 시간과 노력을 헛되게 만들기 때문에 조직이나 회사의 경쟁력을 상실시키는 데 결정적인 작용을 한다. 이와 같은 경우도 이 책에서 제시하는 대로 틀을 만들어 적용한다면 매우 신속하고 알찬 프로젝트 활동을 만들 수 있을 것이다.

프로젝트를 성공적으로 이끄는 본질

프로젝트의 생명은 타이밍에 있다. 타이밍이라 함은 필요한 때에 필요한 행위나 결과물이 나와주어야 한다는 것을 의미한다. 대부분의 프로젝트는 마감시간이 정해져 있다. 그 마감 시간을 지키지 못하게 되면 다른 연관된 일에 지장을 초래하거나 전체의 일을 무의미하게 만드는 치명적인 결과를 낳게 된다.

타이밍을 놓치면 악순환의 궤도로 진입하게 된다. 반대로 타이밍을 여유 있게 확보하면 선순환의 궤도로 진입하게 된다.

〈그림 I . 3-1〉은 프로젝트의 각 과정을 미리 준비하느냐 못 하느냐에 따라 다른 궤도로 진입하게 되는 것을 보여준다. 타이밍의 확보는 미리 준비하는 것에 달려 있다. 또한 미리 준비하였더라도 철저하지 못했다면 다시 되돌아가야 한다. 다시 되돌아가는 것 역시 타이밍을 잃게 한다.

아주 간단한 프로젝트에 해당되는 해외여행에 대해 생각해보자. 여러 가지 준비 사항 중에 '짐 싸기' 만 보더라도 '미리' '철저히' 준비하는 것의 중요성을 쉽게 알 수 있다. 여행기간이 짧을 경우와 기간이 길 경우에 따라 짐 싸기의 내용과 규모가 달라져야 한

프로젝트의 선순환과 악순환

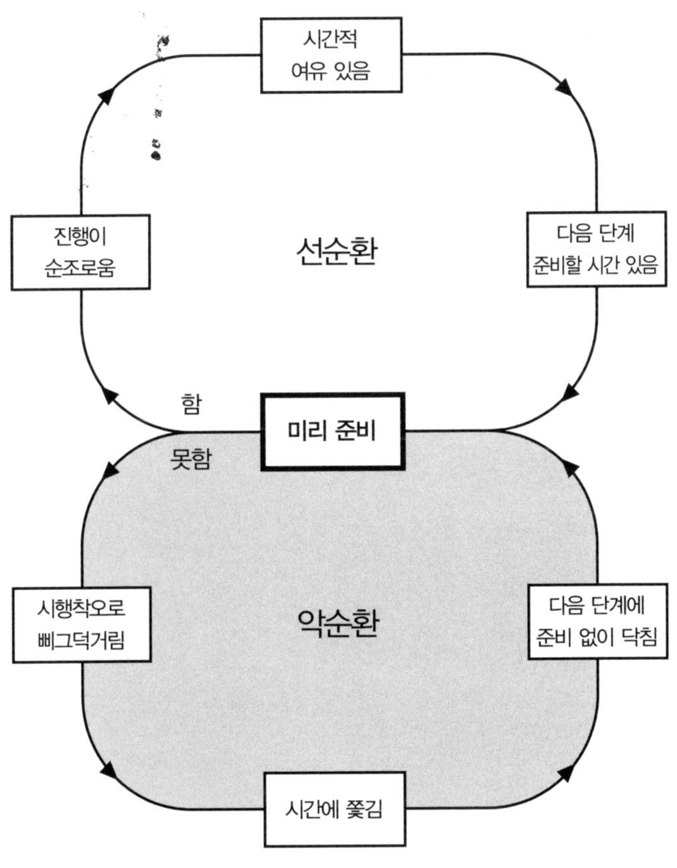

다. 필자의 경우 짧은 해외 출장이 가끔 있었는데 처음에는 그냥 머리로만 생각하여 짐을 꾸리는 정도였다. 그런데 화장품이나 구급약, 면도기 등과 같은 것들을 하나씩 빠뜨리기 일쑤였다.

그런데 그런 사소한 것들도 언어와 문화가 다른 해외에서는 꽤나 사람을 번거롭게 만드는 것이다. 사소하지만 꼭 필요하기에 구입을 해야 하는데, 이를 위해 별도의 시간을 내야 하고, 낯선 길을 찾아 헤매야 하며, 서툰 외국어로 의사소통의 노력을 들여야 하는 등의 시행착오가 생기는 것이다.

그 사소한 것들을 처음에 준비할 때, 철저히 챙겼더라면 발생하지 않았을 시행착오가 출장길을 번거롭게 만드는 것이다.

한번은 여권 유효기간이 만료가 된 것도 모르는 채 비행기를 타려 했다가 탑승 직전에야 유효기간이 만료된 것을 알게 되어 큰 낭패를 본 적도 있었다. 그 뒤로 엄청난 정신적, 물질적 피해가 뒤따른 것은 두말할 나위도 없다.

그 뒤로는 간단한 짐 꾸리기 '체크 시트(check sheet)'를 만들어 놓고 하나씩 확인하며 빈틈없이 짐을 챙기는 틀을 만들어놓았다. 그 후로는 짐 싸기 시행착오는 발생하지 않고 있다.

이처럼 프로젝트를 성공으로 이끄는 본질은 '미리' '철저히' 준비하는 데 있다. '미리' '철저히' 준비하기만 하면 그 다음 과정이 순탄하게 이어지기 때문에 성공으로 연결되는 것이다.

'주어진 기간 내'에 '요구 수준의 성과' 내기

대부분의 프로젝트는 반드시 지켜야 하는 마감 날짜가 정해져 있다. 그리고 그 성과에 대해 요구되는 질적 수준이 정해져 있다. 전자를 '일정목표'라 하고, 후자는 '성과목표'라 한다.

평상적인 일과는 다르게 프로젝트에서는 이 '일정목표'와 '성과목표'를 달성하지 못하면 대부분 그 결과로 돌아오는 손해나 피해가 말할 수 없이 크다.

어떤 프로젝트가 고객으로부터 주문을 받아 진행되는 것이라면 이 일정목표와 성과목표는 반드시 달성해야만 한다. 달성할 자신이 없다면 처음부터 주문을 받아서는 안된다. 우리의 프로젝트가 지연되거나 성과물의 품질이 떨어지면 고객에게는 치명적인 문제를 안겨줄 수 있기 때문이다. 따라서 일단 주문을 받았으면 어떤 방법이라도 강구하여 일정과 성과에 대한 약속을 지켜야 한다. 그것을 지킬 수 있는데 매우 효과적인 방법이 이 책에 소개될 것이다.

주문제품이 아니더라도 대부분의 제품들은 시장의 선점에 의해 경쟁력을 확보하게 된다. 따라서 그 시장을 선점하기 위해 내부적으로 '일정목표'와 '성과목표'를 정하고 추진하는 여러 가지 프로젝트들이 만들어진다. 이러한 '일정목표' 와 '성과목표' 가 달성이 되어야 그 회사에 경쟁력이 생기기 때문에 이 역시 반드시 달성해야만 한다.

결국 그 어떤 프로젝트도 '주어진 시간 내' 에 '요구 수준의 성과' 를 내는 것이 그 목표이고, 이 책에서는 이를 효과적으로 달성하게 하는 방법론을 제시할 것이다.

II.
프로젝트의 기본 과정

↘↘↘

프로젝트 업무는 그 자체가 목적이 아니다. 프로젝트로서 과정을 잘 만들어냄으로써 어떤 결과물을 얻고자 할 때, 그 결과물이 목적이 되는 것이다. 핵심은 과정에 있다. 과정을 잘 이행해야 결과가 나오기 때문이다.

대개의 프로젝트들은 기획, 계획, 설계, 제작과 검수, 설치, 시운전(리허설), 초기유동관리(디버깅), 양산(실행 및 적용)의 기본 과정을 갖는다.

이 순서대로 일이 진행되는 것이다. 따라서 앞 과정에서의 충실함은 뒤 과정을 순탄하게 만드는 관계를 갖고 있다. 그러므로 프로젝트의 성공은 앞 과정의 성공에 달려 있다 해도 과언이 아니다. 특히 중요한 것은 타이밍을 놓치지 않는 것과 다루어야 할 것을 빠뜨리지 않는 것이다.

앞 과정에서 타이밍을 놓치면 뒤 과정에서는 짧은 기간 내에 무리하게 닥친 일들을 처리해야 하는 상황이 만들어진다. 이런 상황이 되면 시행착오가 늘어 비용이 증가하고 시간이 더 걸리게 되면서 약속 납기 준수가 어렵게 되는 것이다. 또한 앞 과정에서 다루어야 할 것을 빠뜨리게 되면 뒤에서 여지없이 문제점으로 나타나기 때문에 큰 시행착오를 낳게 된다.

따라서 앞의 과정을 충실히 진행하는 것에 프로젝트 성공의 열쇠가 있다. 성공하는 프로젝트일수록 앞에서 바쁘고 뒤로 갈수록 여유가 생긴다. 문제가 많은 프로젝트일수록 앞에서는 한가롭고 뒤로 갈수록 바빠진다. 그만큼 프로젝트는 초기에 미리 철저히 준비하는 것이 중요함을 의미하는 것이다. 그래서 프로젝트를 성공시키기 위한 활동을 '초기관리'라고 일컫는다. 그러면 이 '초기관리'를 잘하기 위해서 프로젝트의 기본과정을 구체적으로 살펴보도록 하자.

...01

프로젝트의 기본 과정 구성

기획

기획 단계는 큰 틀의 의사결정을 하는 단계이다. 목표, 기본 방침, 방향, 규모, 예산, 대일정, 조직 운영방침 등 최고 의사결정자 선에서 정해져야 할 내용들을 결정하는 단계이다. 이 단계에서의 시행착오는 가장 큰 손실을 가져다 줄 수 있다. 역으로 이 단계에서의 성공은 가장 큰 경쟁력 확보로 이어질 수 있다.

프로젝트의 성격에 따라 다르겠지만 최근에는 시장 상황이나

그림 II . 1-1

프로젝트의 기본 과정

수입
시간
비용
프로젝트 과정
양 산
기획
계획
설계
제작 · 검수
설치 · 시운전 / 리허설
초기유동관리 / 디버깅
양산 / 실행 / 적용 (최종 리포트)

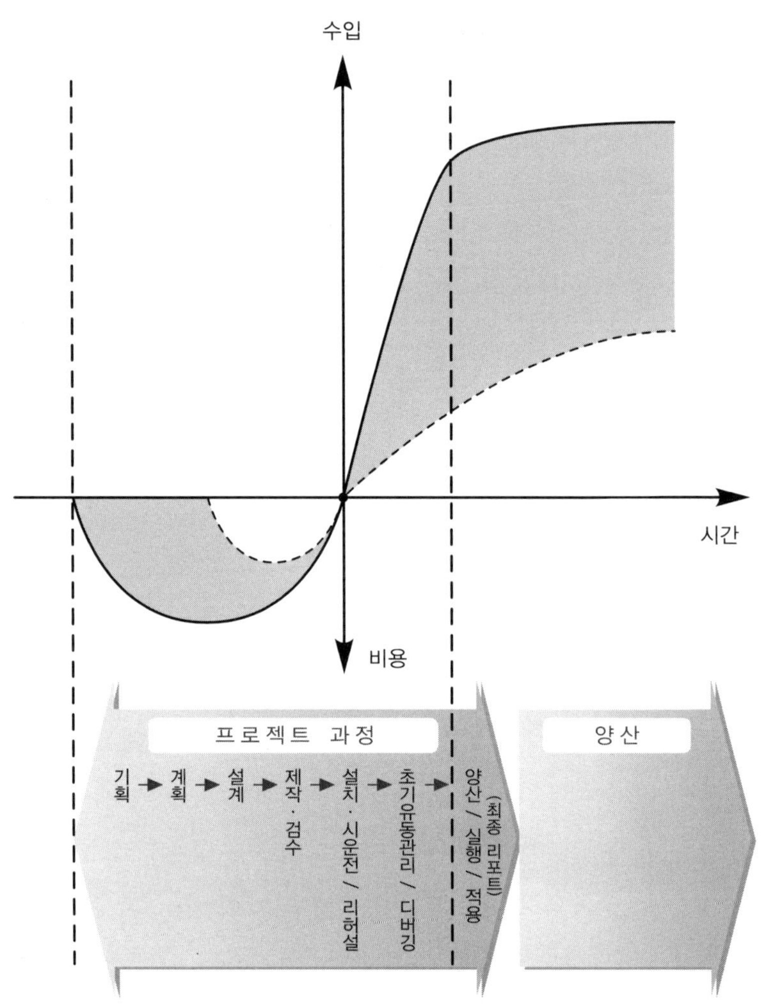

환경의 변화가 빠르게 진행되며 기획 단계에서의 결정 사항이 빈번하게 바뀌는 경우가 많이 발생하고 있다. 이 단계에서 한 가지만 바뀌어도 뒤에서는 굉장히 큰 폭의 변경이 불가피하기 때문에 여기서의 의사결정을 빠르고 정확하게 하는 것이 매우 중요하다.

그런데 프로젝트의 기본과정 중 첫 단계인 기획 단계가 정형화하기가 가장 힘든 단계이다. 따라서 관련자의 역량과 주어진 정보에 의존하는 경향이 가장 강하게 된다. 더구나 대부분 조직의 상부에서 이루어지는 과정이기 때문에 어떤 틀을 만들게 하거나 주어진 절차를 따르게 하는 것이 쉽지가 않다. 그래서 빠뜨리거나 철저히 확인하지 못할 가능성이 더 높아진다.

물론 기획 단계에서는 앞날을 예견하는 정보력이 가장 중요하게 작용한다. 그러나 훌륭한 정보를 갖고 있는데도 각 과정마다 진행되는 틀이 부실해서 불필요한 시행착오를 일으키는 것이 우리의 현실이다.

이 기획 단계를 정형화하여 의사결정의 임의성을 최소화할 수 있다면, 그리고 정형화시킨 틀을 지속적으로 발전시켜가기만 한다면 매우 높은 경쟁력을 확보하는 데 크게 기여하게 될 것이다.

그런데 기획 단계에서 정형화시켜 적용하기가 쉽지 않다. 아니 쉽지 않은 것이 아니라 무척 어렵다. 상황이 아주 다양하게 나타나기 때문이다. 실제로 어떤 프로젝트를 진행하다가 중간에 방향이 바뀌어서 처음으로 되돌아가거나 혹은, 다양한 상황이 정리가 안 되어서 아예 처음부터 시작 타이밍을 늦추는 경우가 왕왕 발생한다. 규모가 큰 프로젝트일수록 이러한 일이 많이 발생한다.

처음에는 불가피하게 진행될 수 있겠지만, 어쨌든 나중에 시행착오를 겪을 때, 이 시행착오가 왜 일어났는가를 짚어보면 기획 단계에서 올바른 의사결정을 못한 데서 기인했다는 것을 발견하는 경우가 많다.

그만큼 기획은 어려운 단계이다. 타이밍을 강조하다보면 내실이 빈약해지고 내실을 강조하다보면 타이밍을 놓치는 상황이 발생하기 쉽다. 이러한 현상은 어느 회사, 어느 단체에서든 유사하게 일어난다. 따라서 기획 단계에서의 경쟁력을 갖는 것은 전체적으로 매우 중요한 영향력을 미치는 것이다.

계획(마스터 플랜의 작성)

일의 기획 단계에서 큰 틀의 의사결정이 끝나면 바로 계획 단계로 들어간다. 계획 단계에서는 앞으로 진행될 모든 일의 순서를 명확히 하고, 담당자를 정하여 표현하고, 납기를 설정하여 계획서를 작성한다. 이 계획서를 마스터 플랜이라고 부르기로 하자.

이 마스터 플랜의 품질이 프로젝트의 성패를 좌우할 수 있다. 즉, 얼마나 충실히 순서를 구체화하였고, 얼마나 확실히 각 순서에 대한 담당자를 정하였고, 얼마나 합리적인 납기를 설정하여 마스터 플랜에 표현해 놓았느냐에 따라 그 다음부터 진행될 행위의 순조로움이 결정되는 것이다.

이 마스터 플랜은 프로젝트가 끝날 때까지 프로젝트 관리표로 활용되는 것이다. 이의 구체적인 작성 방법과 요령에 대해서는 다음 장에서 논하기로 하자.

설계

설계란 프로젝트의 결과물 즉, 프로젝트의 목적물에 대한 구체적인 묘사를 의미한다. 프로젝트의 종류에 따라 다르겠지만 대충 제품설계, 상품 설계, 이벤트 설계, 건축물 설계, 프로그램 설계, 시설 설계 등등을 들 수가 있다.

프로젝트의 성패를 결정짓는 가장 핵심적인 부분이 바로 이 설계부분이다. 다른 단계에서의 시행착오는 손실을 크게 하는 정도지만 설계에서의 시행착오는 회복이 불가능한 실패로 이어지게 할 가능성이 크다.

가령 반도체 회사의 설계를 예로 들어보자. 반도체 설계는 많은 전문가들에 의해 장기간에 걸쳐 만들어지게 되는데 이 설계에 결함이 존재한다면, 그 후유증은 말할 수 없을 정도로 크다. 우선 경쟁사에 비해 개발기간 동안의 출시지연이 초래되고, 그 제품을 생산하려고 준비한 양산 라인의 가동률이 떨어져 고정비 부담을 더욱 가중시켜 경영상태를 악화시킨다.

이러한 현상은 비단 반도체 분야에서만 생기는 것이 아니다. 다른 모든 분야에서도 설계에서의 결함은 치명적인 결과로 이어진다. 따라서 설계 부분은 전문가가 전담한다.

이 책에서는 설계 자체에 대한 노하우를 다루지는 않는다. 그것은 각각의 분야별로 전문적으로 다룰 수밖에 없기 때문이다. 따라서 여기에서는 그런 전문성이 제기능을 잘 발휘하도록 이끌어주는 방법론에 대해서 다룰 것이다. 실제로 충분한 전문성을 갖추고 있으면서도 중요한 내용을 빼먹거나 타이밍을 놓쳐서 시행착오를 겪는 경우가 무수히 많기 때문이다.

경우에 따라서 설계를 외주로 처리하는 곳도 많다. 건축물의 설계나 장비의 설계 등이 그것인데 이런 경우에는 설계에 반영해야 할 내용들을 빈틈없이 제공하는 것이 중요하다.

이렇게 설계에 반영해야 할 내용들을 MP(Maintenance Prevention)[1] 정보 혹은 RP(Revision Prevention)[2] 정보라 일컫는다. 설계

단계에서 이러한 MP, RP 정보들을 반영하지 못하게 되면 뒤에 더 큰 손실이나 후유증을 낳게 되기 때문에 이들의 반영이 중요한 것 이다.

설계 단계에서는 MP, RP 정보의 반영이 핵심이다. 특히 외주로 설계와 제작을 처리할 경우에는 계약 이전에 MP, RP 정보를 반영 하는 것이 아주 중요하다. 계약 이후에 MP, RP 정보를 반영하려면 또 다른 비용이 추가되기 때문이다.

제작 · 검수

제작은 설계한 대로 만드는 단계이다. 제작하는 데는 전문 기능 적인 능력이 필요하다. 따라서 많은 경우에 있어 외주제작을 하기 도 한다. 외주를 받는 측에서 보면 또 하나의 프로젝트가 되는 것 이다.

앞의 설계까지는 기능과 성능에 대한 결정이었다면 제작에서는 납기와 품질의 결정이다. 정해진 내용을 정해진 타이밍에 정해진

---

1) MP(Maintenance Prevention) 정보 : 장비나 설비를 가동할 때 maintenance(수리나 예방 보전)를 하지 않아도 되도록 설계상에 반영하는 아이디어.
2) RP(Revision Prevention) 정보 : 상품이나 제품 등이 개발 완료 후에 다시 Revision(수정)되는 일이 없도록 설계상에 반영하는 아이디어.

방법대로 철저히 이행하는 충실한 과정에 의해서만 좋은 품질과 빠른 납기가 가능하다. 이 책에는 바로 이러한 충실한 과정을 만드는 내용이 들어 있다.

검수란 설계한 대로 제작이 되었는가를 확인하는 것이다. 제작을 외주로 처리할 경우에 검수가 매우 중요한 과정이 된다. 규모가 큰 대부분의 프로젝트들은 거의 외주로 설계와 제작을 처리하기 때문에 철저한 검수가 요구되는 것이다.

제작 검수 단계에서는 한편으로 설치 시운전을 원활하게 할 수 있는 준비를 해야 한다. 필요한 물품, 기자재, 인력, 시설 등의 확보와 담당 인력들에 대한 연수나 교육 등이 함께 병행되어야 하는 것이다.

설치 · 시운전(리허설)

설치 · 시운전(리허설) 단계부터는 사실상 해당 프로젝트를 위해 아이디어를 추가하는 일은 더 이상 없어야 한다. 이 단계에 뭔가 수정사항이 발생하였다면 그 프로젝트로서는 아주 큰 시행착오가 되고 만다. 앞의 단계들을 착실히 진행한다면 그런 일은 발생하지 않을 것이다.

이때부터는 준비된 대로, 계획된 대로 움직여 주기만 하면 되는 것이다. 그 준비의 품질, 계획의 품질이 설치 시운전 단계를 원활하게 만들어주는 것이다.

특히 시운전을 할 때에는 안전과 품질에 관한 사항들을 철저히 확인하는 것이 필요하다.

초기유동관리(디버깅)

아무리 프로젝트를 성공적으로 이끌어왔어도 설치하자마자 곧바로 양산(적용, 실행)에 진입하는 것은 무리다. 프로젝트 규모가 크면 클수록 더욱 그렇다. 새로운 환경, 새로운 조건 등에 의해 예상치 못했던 변수들이 튀어나오기 때문이다.

따라서 이러한 변수들을 바로잡는 기간을 가져야 하는데, 그것이 바로 초기유동관리(디버깅) 기간이다.

〈그림Ⅱ. 1-2〉에서 볼 수 있듯이 초기유동관리에 해당되는 곡선이 급격하게 위로 올라가는데 이러한 것을 가리켜 램프업(Ramp up)이라 한다. 1~5단계까지가 충실하였으면 그림의 실선처럼 짧은 기간에 조기 램프업이 가능하지만 그렇지 못할 경우 그림의 점선처럼 완만한 램프업을 하게 될 것이다.

프로젝트 과정에서 투입되는 시간과
성공에 미치는 영향도의 관계

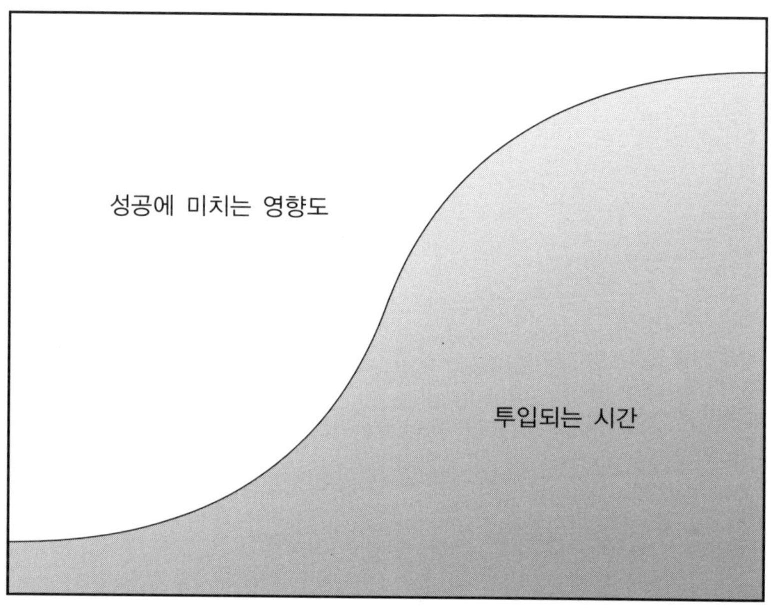

초기유동관리 기간에는 양산에서 필요로 하는 표준을 정립하는 일도 함께 해야 한다. 즉, 양산(적용, 실행)시 문제로 발생할 소지가 있는 것을 예방하기 위한 기준과 원칙을 정해야 하는 것이다.

양산 / 실행 / 적용

대부분의 프로젝트들이 앞의 6단계에서 사실상은 종료되는 것들이다. 그러나 프로젝트의 종료는 양산(실행, 적용)에서의 성공을 확인하는 데까지 가야 그 프로젝트의 의미가 있다. 양산은 결과이다. 이 결과를 위해서 앞에서의 프로젝트 과정이 필요한 것이다.

〈그림 Ⅱ. 1-2〉는 프로젝트 과정에서 투입되는 시간과 성공에 미치는 영향도의 관계를 나타낸 것이다. 그림에서 알 수 있듯이 기획, 계획, 설계까지는 시간을 그리 많이 투입하지 않지만 성공에 미치는 영향도는 매우 크다. 반면에 설치 시운전, 초기유동관리, 양산 등의 단계는 투입되는 시간은 매우 크지만 성공에 미치는 영향도는 아주 적다. 즉, 앞 단계에서 제대로 하지 못하면 성공하기 어렵다는 것을 보여주는 것이다.

02...

각 과정의 관계

모든 일이 다 그렇지만 특별히 프로젝트에서는 앞 과정이 뒤 과정에 미치는 영향도가 절대적이다. 앞 단계에서의 성공은 곧 뒤 단계의 성공을 이끌어낸다. 역으로 앞 단계에서의 실패는 뒤 단계에서의 실패를 초래하기도 하는 것이다.

프로젝트 업무는 그 자체가 목적이 아니다. 프로젝트로서 과정을 잘 만들어냄으로써 어떤 결과물을 얻고자 할 때, 그 결과물이 목적이 되는 것이다. 핵심은 과정에 있다. 과정을 잘 이행해야 결과가 나오기 때문이다. 그런데 앞에서 설명한 기본 과정과 같이 그 과정에서도 앞쪽의 과정일수록 뒤쪽의 과정에 미치는 영향도가 커지는 것이 프로젝트의 핵심적인 특성이다.

시기적으로 '앞' 을 '초기' 라고 말한다. 그래서 프로젝트들을 '초기관리 활동' 이라고 하기도 한다. 초기에 잘하는 것이 핵심이기에 '초기관리' 라는 명칭을 붙인 것이다.

'제품 초기관리', '장비 초기관리', '설비 초기관리', '양산 초기관리', '건설 초기관리', '행사 초기관리', '시스템 초기관리' 등등 어떤 일이든지 프로젝트 성격의 이름을 붙여 'ㅇㅇㅇ 초기관리 활동' 으로 부르면 되는 것이다.

다시 말해 각 과정은 미리, 철저한 준비를 하는 것의 연속으로 이어지는 관계를 갖고 있는 것이다.

기본 과정의 응용

앞에서 소개한 기본 과정은 가장 보편적인 기본일 따름이지 절대적인 것은 아니다. 프로젝트의 규모와 성격 그리고 처한 상황에 따라 과정이 달라질 수 있다. 어떤 경우엔 더 세분화된 단계로 나누어 진행할 수도 있고, 어떤 경우엔 단축된 단계로 진행할 수도 있는 것이다. 아주 규모가 작을 경우에는 한 단계로 체크 시트(Check Sheet)만 이용하여 진행할 수도 있는 것이다.

이러한 과정에 대한 규정은 프로젝트를 수행하는 사람들이 해당 프로젝트에 알맞게 정하는 것이 가장 바람직하다. 앞에 제시된

그림 Ⅱ. 3-1   초기관리의 본질

초기관리의 본질 = 미리 준비 + 철저한 이행 + 틀 Upgrade

• Master Plan에 의해 목표납기에 차질이 없도록 세부 과정을 미리 준비한다.

• Master Plan에 의해 빠짐 없이 타이밍을 적절히 맞춘다.
• Check Sheet에 의해 해당 과정의 품질에 빈틈이 없도록 한다.

• 프로젝트를 진행하면서 발생된 시행착오들을 다음 프로젝트를 위하여 Master Plan과 Check Sheet를 수정한다.

기본과정을 토대로 해당 프로젝트에 대한 과정을 단계별로 규정하는 것은 그리 어려운 일이 아닐 것이다.

앞에서 누차 거론한 대로 프로젝트 성공의 핵심은 초기관리에 있다. 그리고 초기관리의 본질은 〈그림 II. 3-1〉에서처럼 미리 준비하고 철저히 이행하고, 또한 다음 프로젝트를 위한 '초기관리 틀'을 업그레이드(Upgrade)하는 것이다.

'초기관리 틀'이란 프로젝트의 성과목표와 일정목표를 달성하기 위한 도구로써 '플로차트(Flow Chart)', '마스터 플랜(Master Plan)', '체크 시트(Check Sheet)'를 들 수 있다. 필자의 경험에 비추어 보면 이 세 가지 도구는 프로젝트를 성공시키는 데 절대적으로 작용을 한다. 다음 장에서는 이 도구에 대해 상세히 논하기로 한다.

III.
초기관리 틀 만들기

↘↘↘

그런데 프로젝트는 그 규모와 복잡성에 있어서 다양한 차이를 갖고 존
재한다. 따라서 초기관리 틀을 적용함에 있어서 그 규모와 복잡성에 맞
게 유연한 적용을 하는 것이 필요하다. 그러나 유연성보다 더 중요한 것
이 ‘착실함’ 임을 잊어서는 안된다.

초기관리 틀이란 프로젝트의 초기관리를 하기 위하여 정형화한 업무체계를 의미한다. 잘 만들어진 업무체계는 사람들이 올바르게 일을 하도록 인도하는 작용을 한다. 그것이 잘 갖추어져 있는 곳과 그렇지 않은 곳의 업무 성과 차이는 매우 크다. 초기관리 틀을 적용하여 나타나는 효과에 대해서는 뒤에서 설명이 될 것이나 이루 말할 수 없을 정도로 크다.

이 장에서는 이러한 초기관리 틀을 만드는 방법에 대해 다루기로 한다.

01...

틀이 왜 필요한가

앞에서도 언급한 바가 있지만 프로젝트성 업무를 진행함에 있어서 다음과 같은 문제점은 항상 나타난다.

① 챙겨야 하는 것을 빠뜨리거나 건너뛰고 지나간다.

② 어떤 일의 타이밍(Timing : 시기, 순서)을 놓친다.

③ 실행은 하였지만 질(質)적인 확인이나 검증이 미흡하다.

이러한 문제가 발생하면 그만큼 시간과 비용이 더 들어가게 된다. 따라서 경쟁력에 악영향을 미치게 되는 것이다.

그런데 중요한 것은 이러한 문제점들이 능력이 부족해서 발생하는 것이 아니란 점이다. 이미 기술적인 능력은 갖추고 있으면서도 그것을 철저하게 반영하지 못하거나 타이밍을 놓치는 등의, 어렵지 않은 관리 상의 허술함에서 비롯된다는 것이다.

물론 기술적으로 어려운 부분도 있을 수 있다. 이런 부분은 별도의 대책을 강구하여야 한다. 이 책에서 논하는 것은 이러한 고유 기술적 분야에 대한 내용이 아니다. 기술이 충분히 있음에도 불구하고 일어나는 시행착오를 막는 것이 보다 우선적으로 필요하다. 실제로 대부분의 프로젝트에서는 허술한 틀로 인해 발생하는 시행착오가 훨씬 더 많다. 규모가 크면 클수록 이런 현상은 더 심하게 나타난다.

필자가 삼성반도체에 근무하던 시절에 초기관리 틀만 구비하여 진행한 프로젝트가 경이적인 성과를 냈던 경험이 있다. 신규 라인 증설 프로젝트에서 총 기간을 절반 이하로 단축함과 동시에 초기 수율로 단번에 세 배 이상의 실적을 올린 바 있다. 물론 초기관리 틀이 구비되었기 때문에 그 다음부터는 이러한 경이로운 성적이 당연한 결과로 지속되고 있는 것이고, 이 부분에서 상당한 경쟁력을 확보할 수 있게 된 것이다.

또한 필자가 컨설팅하고 있는 하이닉스 반도체에서도 역시 초기관리 틀의 구비만으로 최고 수준에 버금가는 신규 라인의 증설을 이루어내고 있다.

이러한 성과를 내는 초기관리 틀은 비교적 간단하다. 〈그림 Ⅲ. 1-1〉에 소개한 대로 플로차트(Flow Chart), 마스터 플랜(Master Plan), 체크 시트(Check Sheet) 세 개로 이루어지는 것이다.

플로차트는 프로젝트의 전모를 눈에 보이게 하자는 것이 그 목적이다. 이를 통하여 전체 윤곽을 보이게 하고, 각 부문 간의 관계를 파악하고, 일의 타이밍을 파악하고, 복잡한 상황을 명쾌하게 정리하게 된다. 크고 복잡한 프로젝트일수록 이 플로차트를 만들어야 한다. 그렇지 않으면 프로젝트의 전모가 베일에 가려진 채 특정인에 의해 좌지우지되면서 숱한 시행착오를 일으키는 상황이 발생한다.

이러한 플로차트의 각각의 마디가 그대로 마스터 플랜으로 옮겨지면서 프로젝트의 초기관리가 시작되는 것이다.

마스터 플랜은 해야 할 일을 빈틈없이 이행되게 하고자 하는 것이 그 목적이다. 모든 일이 누락됨이 없도록 하고, 준비해야 할 것을 미리 준비시키고, 담당자를 확실히 세워 책임의식을 제고하고, 각각의 마디들에 대한 납기를 설정하여 지키게 하고, 이를 프로젝트의 관리표로 활용하여 매일매일 그 진행과 진척을 확인하며 프로젝트의 완성도를 높이는 것이다.

체크 시트는 프로젝트의 질적인 충실도를 높이자는 것이 그 목

그림 Ⅲ. 1-1 초기관리 기본 틀과 그 작성 목록

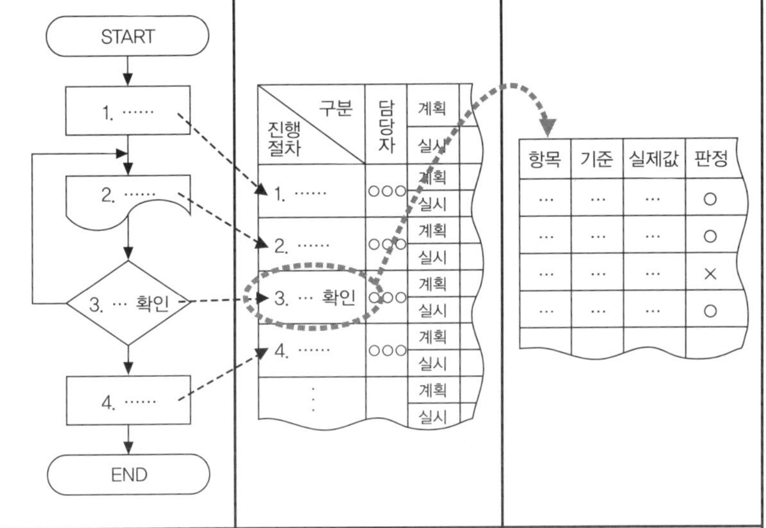

플로차트	마스터 플랜	체크 시트
가시화가 작성 목적 ① 전체 윤곽을 한눈에 파악 ② 관련 부문, 기능과의 연관 관계 파악 ③ 일의 타이밍(순서) 파악 ④ 복잡한 상황을 명쾌하게 정리 ⑤ 마스터 플랜 작성을 위한 기초 제공	**관리표로 활용하는 것이 작성 목적** ① 누락 없는 진행을 위한 도구 ② 미리 준비시키는 도구 ③ 담당자를 명확히 하여 책임의식 제고 ④ 납기 설정 도구 ⑤ 매일 확인하여 목표 달성 촉진	**질적으로 충실히 이행하는 것이 작성 목적** ① 감각적인 확인을 배제하고 확연한 사실과 데이터에 입각한 판단 ② 확실한 근거를 남기기 위한 도구 ③ 완전한 행위를 유도하는 도구

적이다. 무언가 확인하고 판단하여야 할 부분에 대해서는 감각적이고 추상적인 확인을 배제하고 확연한 사실과 자료에 입각하여 판단하고, 그러한 판단의 확실한 근거를 남겨 나중에 큰 도움이 되도록 하며, 모든 사람들로 하여금 자신들의 행위를 확실히 하게 하는 도구가 되는 것이다.

이와 같은 기본적인 초기관리 틀이 없을 경우 경험 많은 일부 몇 명에 대한 의존도가 높아져서 전 참여자의 일사불란한 참여가 이루어지지 않게 된다. 또한 경험 많은 사람조차도 기억력에 의존하여 일을 진행시키기 때문에 많은 허점과 오류가 나타날 수밖에 없다. 필자의 경험에 비추어 볼 때 초기관리 틀이 없는 곳에서는 틀림없이 이러한 현상이 일어난다. 이러한 현상을 이 초기관리 틀이 전부 해소시켜 줄 것이다.

초기관리 틀 만드는 방법

플로차트 만들기

1) 플로차트 작성 기본 부호

플로차트를 작성할 때에는 기본적으로 〈그림 Ⅱ. 2-2〉와 같은 부호를 사용한다. 부호를 사용하는 것은 한눈에 그 내용이 무엇인지를 인지하게 하는 데 도움을 준다. 여기서 제시하는 것은 아주 기본적인 부호이다.

이러한 기본적인 부호 이외에도 많은 모양의 부호가 있지만 대

기 본 부 호	설　　명
 START / END	시작이나 끝을 표현할 때 사용하는 부호. 각 플로차트의 처음과 끝에 둔다.
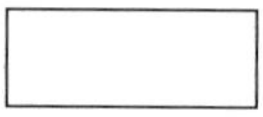 (직사각형)	어떤 행위를 나타낸다. 가장 많이 쓰이는 부호가 된다.
 (문서 기호)	행위 중에서 문서가 만들어지는 행위에 사용한다. 이 부호가 나타난 곳에서는 어떤 문서를 만들어내야 한다.
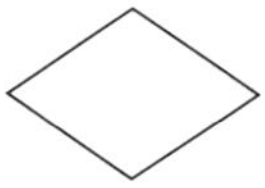 (마름모)	확인, 검토, 승인 등을 하는 행위를 표현하는 부호이다. 이 부호가 나타난 곳에서는 Check Sheet가 사용되어진다.
 (화살표)	화살표는 행위의 순서를 표현한다.

부분의 프로젝트들은 이 기본적인 부호로 훌륭하게 표현할 수 있다. 하지만 이것에 얽매일 필요는 없다. 필요하면 다른 것을 사용할 수도 있는 것이다.

〈그림 III. 2-1〉에서 이 부호는 프로젝트의 시작과 끝을 표현하는 부호이다. 플로차트의 시작에 'ㅇㅇㅇ ㅇㅇㅇ시작'과 같은 식으로 이 부호 안에 무슨무슨 일의 시작을 알 수 있도록 표현하는 것이다. 역시 마찬가지 방법으로 플로차트의 마지막에는 이 부호 이안에 'ㅇㅇㅇ ㅇㅇㅇ종료' 와 같은 식으로 써넣어 해당 프로젝트의 끝임을 표현한다.

이 부호는 가장 많이 쓰이는 부호로, 한 개의 마디로 구별되는 행위를 나타낸다. 이 부호 안에 'ㅇㅇㅇ제작' 과 같은 식으로 행위의 내용을 간략히 표현한다.

이 부호는 위의 것과 같이 행위를 나타내는 부호이지만 어떤 문서류가 만들어지는 경우에 사용하는 부호이다. 역시 부호 안에 행위의 내용을 간략히 표현한다. 이 부호가 나타나는 곳에서는 어떤 문서가 만들어지거나 접수되어야 함을 의미한다.

어떤 기준을 근거로 실제의 상태를 확인하는 행위를 표현할 때 사용하는 부호이다. 이때 사용되는 것이 이전에 만들어진 체크 시트이다. 이전에 만들어져 있던 체크 시트 양식의 빈칸을 채우면서 프로젝트의 중간, 혹은 최종 과정의 질적인 상태를 확인하는 것이다. 꼭 질적인 것이 아니더라도 확인, 검토, 승인하는 행위라면 이 부호로 표현하고, 이 부호가 나타나는 곳에서는 반드시 체크 시트를 사용하여 판단 근거를 남긴다. 역시 이 부호 안에 'ㅇㅇㅇ확인' 이라는 식으로 행위의 내용을 간략히 표현한다.

― 시작과 끝을 명쾌하게 나타낸다

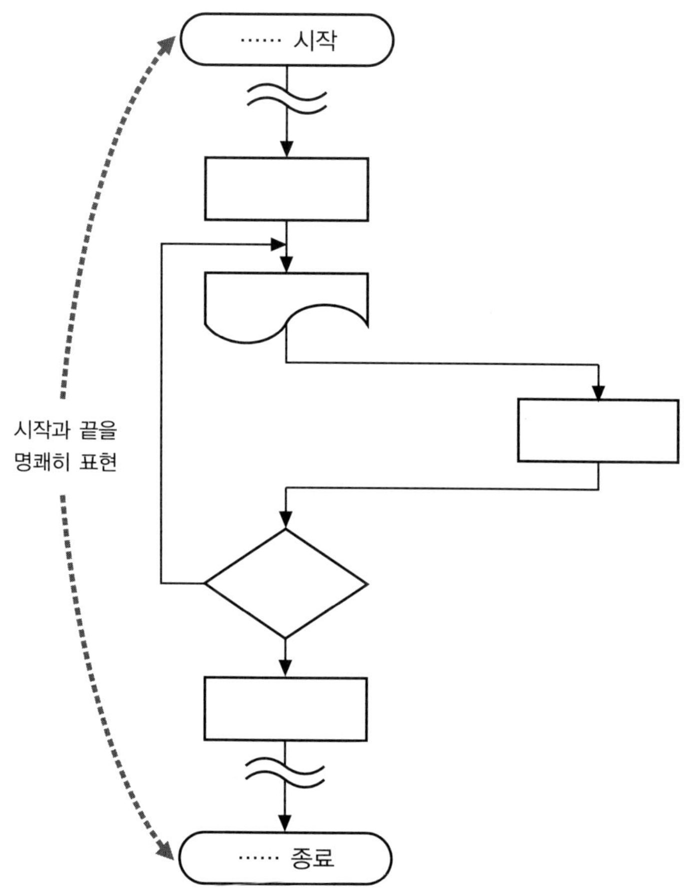

끝으로 화살표는 행위의 순서를 명확히 표현한다. 화살표는 기본적으로 세 가지가 있다. 종으로 내려가는 화살표는 담당자나 담당 부서가 바뀌지 않고 계속 진행됨을 의미하고, 횡으로 이어지는 화살표는 담당 경계를 넘어서서 다른 사람이나 부서로 행위가 이어질 때 사용한다.

또한 판단 부호인 ◇ 부호에서는 반드시 루핑(Looping) 화살표가 나타나야 하는데 이는 어떤 기준을 만족시키지 못할 때 다시 되돌아감을 나타낸다.

이상과 같이 소개한 부호는 아주 기본적인 것으로서 플로차트 작성시에는 반드시 사용되어야 하는 것들이다. 사용하는 사람들이 상황에 따라 독창적인 부호나 색깔 등을 추가하여 사용하는 것도 얼마든지 가능하다는 것을 나타내기도 한다.

2) 플로차트 작성 요령

플로차트에도 품질이 있다. 플로차트의 가장 큰 목적은 눈에 보이게 하는 데 있다. 흐름 상의 오류 없이 가장 눈에 잘 보이게 작성된 플로차트가 품질이 좋은 것이라고 할 수 있다. 이렇게 품질 좋은 플로차트를 작성하기 위해서는 기본적으로 다음의 요령을 따라야 한다.

㉠ 시작과 끝을 명쾌하게 나타낸다.

〈그림 Ⅲ. 2-2〉와 같이 플로차트의 처음과 끝에는 시작과 종료를 나타내는 부호를 사용하여 명쾌하게 표현한다. 시작과 종료를 명쾌하게 표현하는 것으로 플로차트의 완성도가 높아지게 된다.

ⓛ 횡으로는 행위의 주체가 보이도록 한다.

즉, 플로차트 상에서 각각의 행위들이 누가, 혹은 어느 부서에서 해야 하는 것인지를 한눈에 보이게 하는 것이다.

〈그림 Ⅲ. 2-3〉에서 알 수 있듯이 플로차트 상단에 플로를 따라 각 행위들의 위치를 해당 관련자나 관련 부서 아래에 위치하도록 표현한다. 그러면 이 플로 차트를 보는 사람들은 누구나 각각의 행위의 주체를 한눈에 알 수 있게 된다.

ⓒ 종으로는 행위들의 시간적 전후관계가 보이도록 한다.

〈그림 Ⅲ. 2-3〉에서 알 수 있듯이 어떤 행위든지 앞의 행위보다 시간적으로 뒤에 일어나는 행위는 반드시 플로차트 상에서 아래 쪽으로 위치하도록 하면서 계속 이어가는 것이다.

즉 플로차트에서 위에 있으면 먼저 일어나는 행위이고 아래에 있으면 나중에 일어나는 일임을 알 수 있다. 물론 동시에 일어나는 행위이면 동일 선상에 나란히 위치시키면 된다.

간혹 시간적인 전후관계는 연결선의 관계로 보면 된다는 생각으로 이러한 요령을 무시하는 경우가 있다. 즉 연결선을 역방향으

플로차트 작성 요령 2

— 횡은 주체를, 종은 타이밍을 보여준다

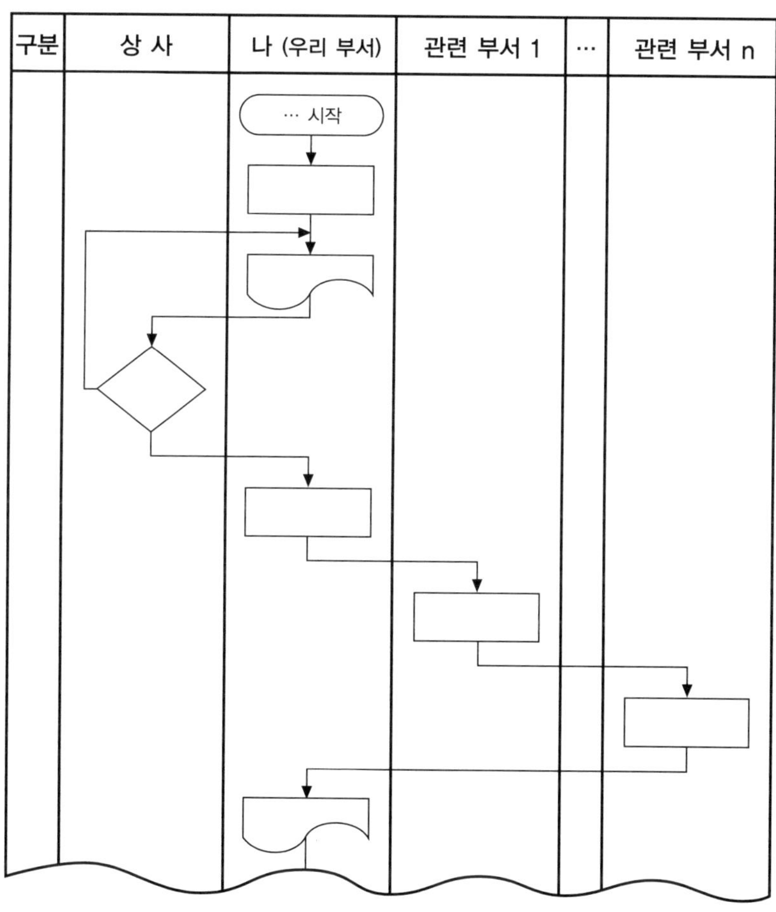

로 꺾어 올려서 위치를 상부로 자리잡게 하는 것이다. 이럴 경우 지면의 공간을 활용하는 효과는 있을지 모르지만 플로차트의 가장 큰 목적인 눈에 잘 보이게 하는 효과가 떨어지게 된다.

㉣ 순서가 바뀌어도 상관없는 행위들은 병렬로 표현한다.

대부분의 행위들은 반드시 전후관계를 갖는다. 즉 앞의 것이 실행되어야 뒤의 것을 할 수 있는 관계를 갖는 것이다. ㉢에서 설명한 직렬표현 방식으로 작성하면 된다. 그런데 경우에 따라서 순서와 상관없는 행위들이 나타날 수 있다. 그럴 경우에는 〈그림 Ⅲ. 2-4〉에서와 같이 병렬표현 방식으로 작성한다.

㉤ ◇ 부호로 나타나는 확인, 검토, 승인 등의 행위에는 반드시 루핑(Looping)이 있어야 한다.

〈그림 Ⅲ. 2-5〉에서와 같이 ◇ 부호로 나타나는 확인, 검토, 승인 등의 행위에서는 반드시 어떤 조건을 만족하지 못하면 되돌아가는, 혹은 조건별로 다르게 갈라지는 루핑이 있어야 한다.

㉥ 아이 메시지(I - Message)를 사용한다.

아이 메시지란 자기 주도적인 표현을 의미한다. 즉 어떤 행위에 대해서는 다른 사람이 무언가 해주어야 하는 식으로 표현하지 않

— 플로차트의 병렬 표현

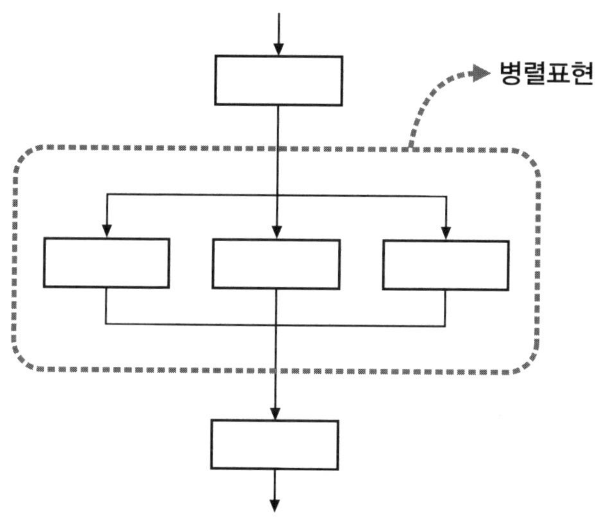

플로차트 작성 요령 4

— 루핑(Looping)의 예

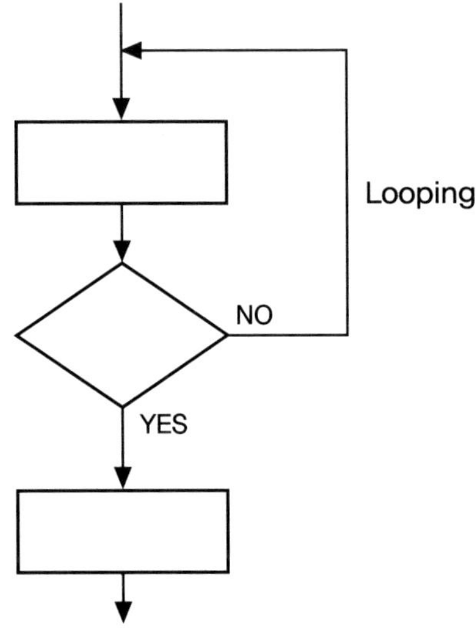

고 내가 무엇을 어떻게 할 것인가를 표현하는 것이다. 똑같은 행위일지라도 아이 메시지를 사용하면 나(우리 부서)의 일로 표현되고 유 메시지(You - Message)를 사용하면 남의 일로 표현된다.

〈그림 III. 2-6〉의 예에서 볼 수 있듯이 다른 사람이나 부서로부터 어떤 문서를 받아야 하는 경우 유 메시지를 사용하면 상대 쪽에서 통보해주어야 하는 상대 쪽 일로 표현되고, 아이 메시지를 사용하면 내 쪽에서 접수해야 하는 이쪽 일로 표현되는 것이다.

이와 같이 될 수 있으면 주도적인 아이 메시지를 사용하여 플로차트를 작성해야 보다 더 성공적인 프로젝트를 만들 수 있는 것이다.

ⓐ 규모가 클 경우에는 2~3단계로 나눠서 작성한다.

프로젝트의 규모가 클 경우에 한 번에 모든 행위들을 플로차트에 표현하려면 너무 방대한 크기가 되어 작성도 불편하고 보는 것도 불편하게 된다. 이런 경우에 우선 큰 기능별로 플로우를 표시하여 전체 윤곽을 잡고, 각 기능별로 세부 플로우를 별도로 만들면된다. 규모가 매우 크면 3단계로 나눠서 작성하면 되는 것이다.

3) 프로젝트마다 플로차트를 작성하는 것은 아니다

플로차트는 마스터 플랜을 만들기 위한 것이다. 따라서 플로차

— I-message 사용과 You-message 사용 비교

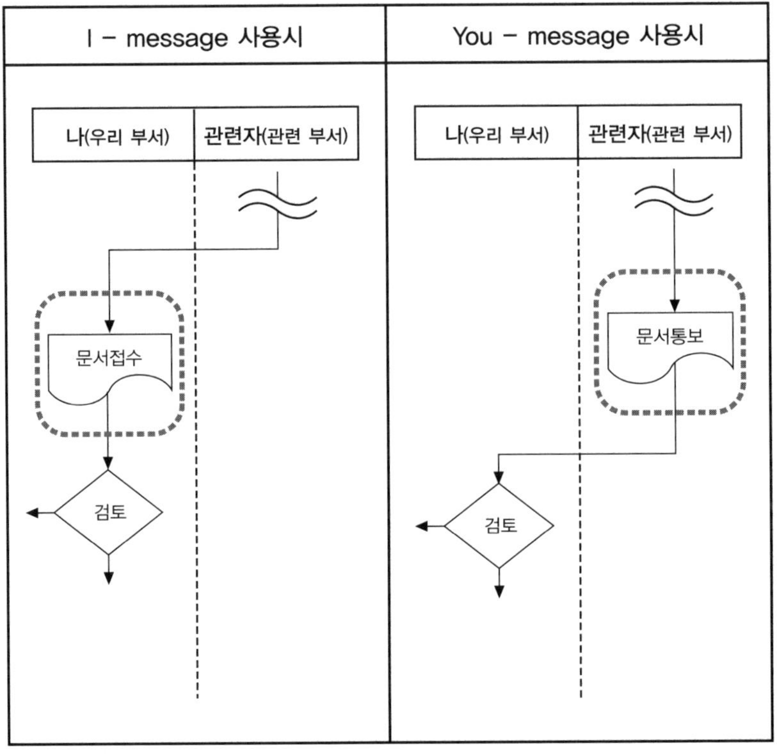

트 상의 각각의 행위들을 계획서에 표현할 때, 플로차트가 필요한 것이다. 계획서에는 무엇을, 누가, 언제까지 할 것인가를 필수적으로 담아야 한다. 플로차트는 이 세 가지를 명쾌하게 보여주기 때문에 유용한 것이다.

따라서 플로차트는 아무것도 없을 때 처음으로 만드는 것이 주된 작업이고 그 다음부터는 크게 노력을 들일 것이 없다. 단지 잘못 표현하였거나 변경된 내용들을 수정만 해놓으면 된다.

많은 경우에 이 플로차트 만드는 것이 그중 제일 어려운 일로 나타나는데, 이는 기존의 관행에 젖어 새로운 시도를 하기 싫어하거나, 프로젝트 특성상 일단 시작하면 긴박하게 돌아가는 상황에서 플로차트를 만들 틈도 없이 일이 진행되는 데서 기인한다.

그러나 결국은 이러한 가시화 작업이 미진한 만큼 시행착오로 나타나는 법이다. 그래서 처음에 플로차트를 만드는 것이 중요한 일이다.

4) 플로차트 사례

〈그림 Ⅲ. 2-7〉은 아주 간단한 플로차트의 사례이다. 이 사례는 어느 생산 라인의 감독자(반장)가 신설비 셋업시에 해야 할 조치 내용들을 표현한 것이다. 그림에서 가운데 부분이 반장들의 프로젝트가 되는 부분이다.

팀 장	레이아웃 담당자	파트장	직 장	

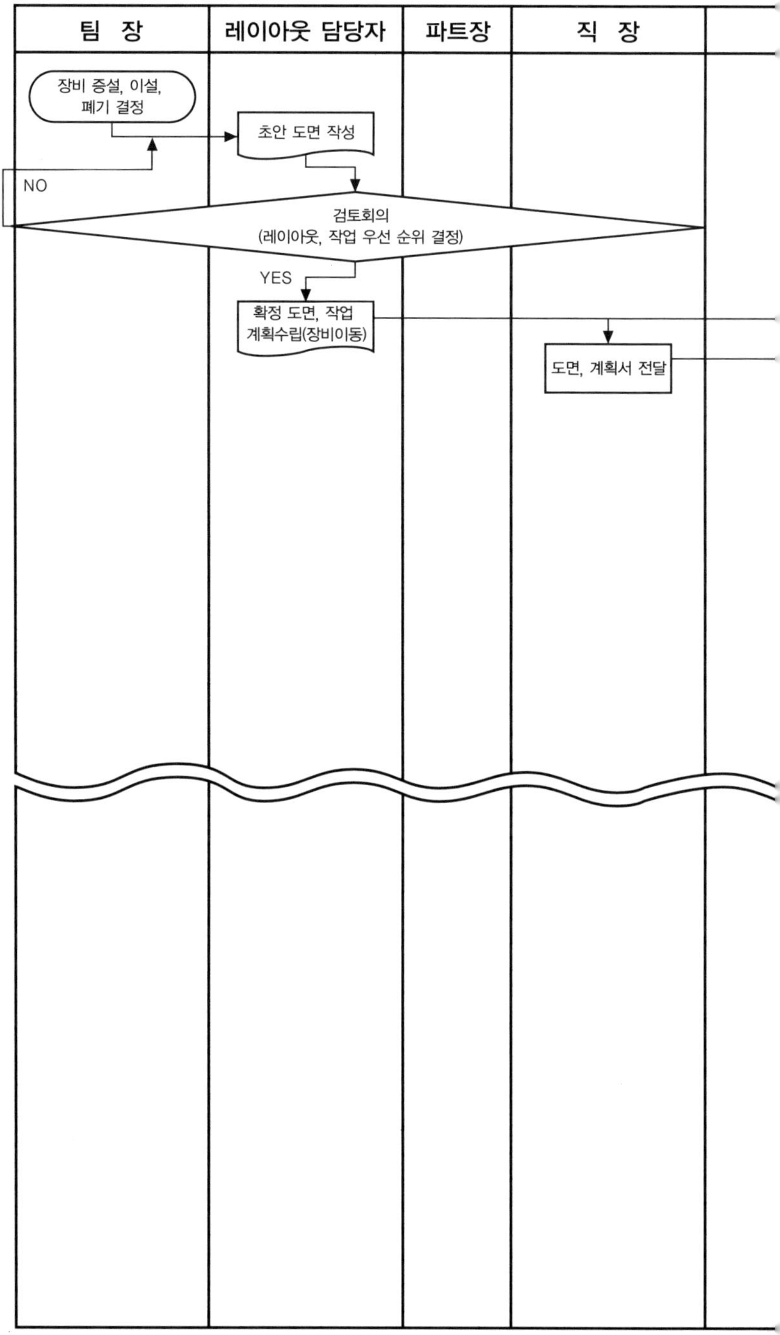

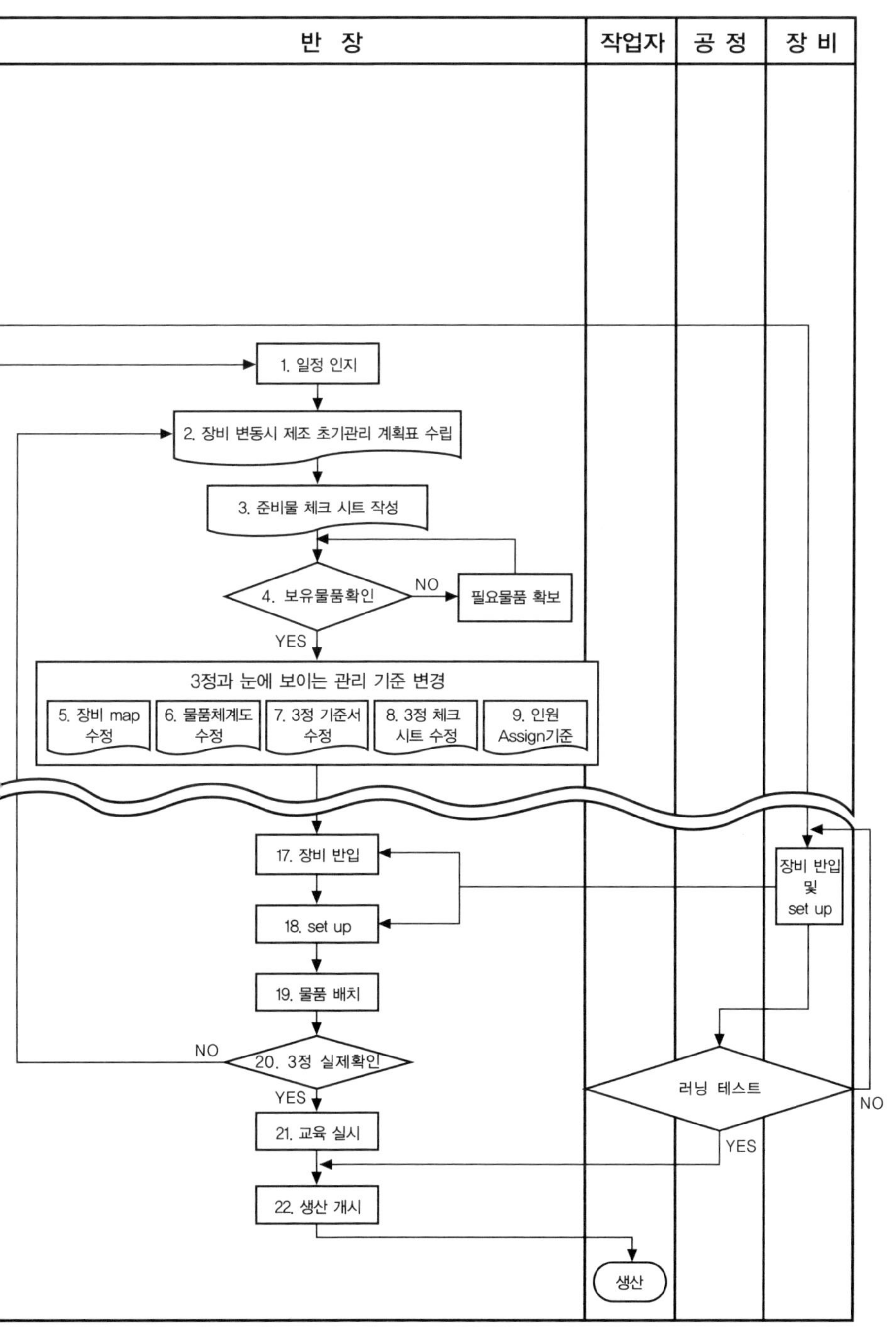
반 장
작업자
공정
장비
1. 일정 인지
2. 장비 변동시 제조 초기관리 계획표 수립
3. 준비물 체크 시트 작성
4. 보유물품확인
NO
필요물품 확보
YES
3정과 눈에 보이는 관리 기준 변경
5. 장비 map 수정
6. 물품체계도 수정
7. 3정 기준서 수정
8. 3정 체크 시트 수정
9. 인원 Assign기준
17. 장비 반입
18. set up
19. 물품 배치
20. 3정 실제확인
NO
YES
21. 교육 실시
22. 생산 개시
장비 반입 및 set up
러닝 테스트
NO
YES
생산

이렇게 간단한 프로젝트도 실제 플로차트를 표현하는 것이 그리 쉽지가 않았다. 많은 사람들이 서로 다르게 생각하거나 잘 모르고 있었다는 것을 말해주는 대목이다. 이러한 플로차트를 만들면서 모든 것이 선명해지는 효과를 얻을 수 있는 것이 플로차트의 필요성을 강화한다. 이러한 플로차트를 보면서 다음의 마스터 플랜을 작성하면 된다.

마스터 플랜 만들기

1) 마스터 플랜이란

어떤 프로젝트의 성과목표와 일정목표를 달성하기 위한 계획표를 의미한다. 앞에서 작성한 플로차트의 각 항목들을 순서대로 나열하고 담당자와 납기를 표시하면 마스터 플랜의 기본이 갖춰지는 것이다.

이를 관리표로 활용하면 일이 누락되거나 순서가 뒤바뀌는 것이나 개개인의 역할을 명확하게 하여 사각지대의 발생을 방지하게 되고, 목표일정을 초과하여 진행이 늦어지는 것을 방지하게 된다. 이러한 관리표의 운용으로 초기관리의 본질인 '미리 준비' 하고 '철저히 이행' 하는 것이 충족되는 것이다.

이러한 마스터 플랜과 같은 관리표의 운용 없이 보다 더 나은 프로젝트 활동을 할 수 있는 방법은 없다. 다만 마스터 플랜 자체의 품질이나 이를 운용하는 사람의 스타일 등에 따라서 나타나는 차이는 있을 수 있다.

프로젝트의 규모가 크면 클수록 마스터 플랜의 중요성이 커진다. 규모가 크면 큰 만큼 시행착오의 가능성이 높아지는데 마스터 플랜이 이를 막아주기 때문이다.

이렇게 중요한 마스터 플랜의 품질은 앞에서 소개한 플로차트에 의해 결정되는 것임을 잊지 말아야 한다.

2) 마스터 플랜이 갖춰야 할 사항들

〈표 Ⅲ. 2-1〉에 마스터 플랜이 갖춰야 할 기본 사항들을 열거하였다. 기본 사항이라고 말하는 것은 마스터 플랜이 프로젝트 관리표로서 제 기능을 발휘하려면 꼭 필요한 것이기 때문이다.

기본 항목들은 대부분의 모든 장표에서 기본적으로 표현되어야 할 것들이다. 즉 해당 장표의 정체성을 알려주는 내용들로 이 마스터 플랜이 무엇인지를 알게 해주는 항목들이다. 대개 이 부분이 표현이 명확히 되질 않아서 마스터 플랜의 정체성이 모호한 경우가 많다. 이런 정보가 표현되어 있지 않아도 큰 지장이 없기 때문인데, 프로젝트의 규모가 크고 시간이 오래 걸리는 것일수록 이러한

	항 목	내 용
기본항목	① 제목	프로젝트 명 ('○○ 프로젝트 마스터 플랜')
	② 성과목표	이 프로젝트를 통해 얻어야 할 목표
	③ 일정목표	이 프로젝트의 목표기간
	④ 최초 작성자 최초 작성일	'최초 작성 2008. 1. 1 김영인' 과 같은 방식으로 표기 (최초 작성자는 끝까지 보존)
	⑤ 수정 번호 최종 수정자 최종 수정일	'Rev.03. 2008. 2. 1 이혜란' 과 같은 방식으로 표기 (수정자는 최종 수정자만 표현)
	⑥ 소속 부서	이 프로젝트의 소속 부서
필요항목	⑦ 절차 항목	플로우 차트의 각 행위들을 나열 (복잡할 경우 단계적으로 풀어서 나열하는 것이 좋다)
	⑧ 담당자	각 절차 항목(행위)들에 대한 책임자
	⑨ 계획 일정	각 절차 항목들에 대한 일정 계획으로서 각 절차 항목이 완료되어야만 하는 날짜를 기입한다
	⑩ 수정 계획 일정	일정 계획이 수정될 경우 처음 것은 그대로 둔 채 새롭게 칸을 만들어 표현(수정될 때마다 새롭게 칸을 만들어 표현하여 수정된 히스토리가 남도록 한다)
	⑪ 실적 일정	각 항목들에 대한 실적 일정
	⑫ 비고	필요시 특이한 내용을 기록하는 칸

정보가 중요해진다.

필요 항목들은 마스터 플랜 고유의 기능을 발휘하게 하는 것들로 하나라도 소홀히 해서는 안 된다. 가장 중요한 것이 절차 항목을 나열하는 것인데, 이는 앞에서 작성한 플로차트에서 자기 부분에 해당되는 항목들을 순서대로 나열하기만 하면 된다.

계획 일정을 채워넣을 때는 가장 마지막 항목에서부터 거꾸로 채워 올라온다. 프로젝트가 완료되어야 할 시점을 가장 먼저 정해 놓고 역으로 계산해서 각 항목들의 일정을 결정하는 것이다.

3) 마스터 플랜 작성하기

〈표 Ⅲ. 2-2〉는 비교적 간단한 프로젝트의 마스터 플랜이다. 이러한 식으로 작성한다는 사례일 뿐 절대적인 원칙은 아니다. 따라서 사용자가 더 편리하게, 더 목적에 충실하게 사용하기 위하여 얼마든지 양식을 수정할 수 있는 것이다.

〈표 Ⅲ. 2-2〉의 사례는 어떤 제조 부서에 신설비가 도입될 때 제조작업자 측에서 미리 준비해야 하는 사항을 실천에 옮기는 프로젝트이다. 너무나 간단한 프로젝트지만 이러한 초기관리 틀을 적용하지 않았을 때에는 설비가 셋업된 이후에야 필요 물품들을 챙겼기 때문에 적어도 일주일 이상은 생산이 지연되곤 하였다. 그러나 초기관리 틀을 적용하면서부터는 설비 셋업 후 이틀이면 완전

<table>
<tr><td colspan="2" style="text-align:center">표 Ⅲ. 2-2</td><td colspan="5">프로젝트 마스터 플랜 작성 사례</td></tr>
</table>

프로젝트명	① 신설비 셋업시 제조 준비		소속 부서	⑥ 제조 1팀		
성과목표	② 셋업 즉시 생산 착수		최초 작성	④ 2008. 1. 1 김영인		
일정목표	③ 2007. 3. 10 ~ 4. 25		Rev. No.	⑤ Rev 03. 2008. 2. 1 이혜란		

No ⑦	절차항목 ⑧	담당자 ⑨	계 획 ⑩	수정계획 ⑪	실적 일정 ⑫	비 고
1	셋업 일정 인지	김철수 반장	3월 10일			
2	제조 초기관리 계획표 수립	이영숙 반장	3월 11일			
3	준비물품 확인 체크 시트 작성	이영숙 반장	3월 13일			
4	보유물품 확인	이영숙 반장	3월 14일			
18	신 설비 셋업	기술부서	4월 23일			
19	물품 배치	이영숙 반장	4월 24일			
20	3정 실제 확인	강현숙 반장	4월 24일			
21	교육 실시	각 조 반장	4월 25일			
22	생산 개시	김철수 반장	4월 25일			

└▶ 번호는 〈그림 Ⅲ. 2-7〉 플로차트 사례의 번호와 일치하는 것이다.

정상 생산이 가능하게 되었다.

물론 이러한 마스터 플랜을 만들기 전에 플로차트부터 만든 것은 당연한 절차였다. 이렇게 간단한 내용도 처음에 플로차트를 작성할 때에는 그리 쉽지가 않았다. 사람들이 제 각각 다르게 생각하고 있었기 때문이다. 그러나 이러한 틀을 정립한 뒤로는 모두가 일사불란하게 움직이게 되었다.

플로차트를 통하지 않고는 모두의 의견을 모으고 표준화하는 것이 수월하지 않음을 다시 한 번 강조한다.

마스터 프랜은 엑셀을 이용하여 만드는 것이 편리하다.

㉠ 상황이 변동될 때 수정이 용이하다.

㉡ 프로젝트 단위로 모든 자료를 패키지화하여 관리하기가 편리하다.

㉢ 다양한 각도로 분석을수행하기가 용이하다.

등의 장점이 있기 때문이다.

〈표 Ⅲ. 2-2〉와 같은 마스터 플랜은 곧바로 프로젝트의 관리표가 된다.

㉠ 프로젝트 관련자들에게 명확한 성과목표와 일정목표를 인지하게 한다.

㉡ 각 담당자와 관리자에게 자신의 일에 대한 타이밍을 확실히 지키게 한다.

ⓒ 빠뜨리는 일이 발생하지 않아 프로젝트 진행상의 시행착오 발생을 최소화한다.

ⓔ 관리자는 손쉽게 프로젝트 진행 상황을 파악할 수 있고 무엇이 걸림돌이 되는지도 금세 알 수 있게 한다.

ⓜ 매주 혹은 매일 이 마스터 플랜을 이용하여 진행 상황을 점검하고 진척을 촉진하는 일을 간편하게 한다.

등과 같은 효과를 내는 아주 훌륭한 관리표가 되는 것이다.

체크 시트 만들기

1) 체크 시트란?

체크 시트는 프로젝트의 품질을 확실하게 확보하기 위한 도구이다. 플로차트에서 마름모 꼴로 표현된 항목에는 전부 체크 시트가 적용되어야 한다. 즉, 마스터 플랜에서 '검토', '확인', '점검', '체크', '평가', '리뷰' 등의 단어가 붙은 항목들은 전부 체크 시트가 뒤따라야 한다.

이 체크 시트는 각각의 단위 항목들에 대한 질적인 완성을 확보하기 위한 도구이다. 따라서 여기에 우리의 기술력이 나타나고 또한 빈틈없는 기술의 실천이 나타나는 것이다.

이 체크 시트를 통해 다음 단계로 넘어갈 수 있는지의 여부를 확인하게 된다. 앞에서 플로차트를 논할 때 ◇ 부호로 표현되는 곳에는 전부 체크 시트가 나와야 하고, 이때 체크 시트에 담긴 기준에 미달하거나 맞지 않게 되면 어딘가로 피드백이 되어야만 하는 것이다.

체크 시트의 모든 항목이 전부 기준에 합치되면 해당 프로젝트는 아주 순조롭게 진행되는 것이라 할 수 있다.

2) 체크 시트가 갖춰야 할 요소

〈표 Ⅲ. 2-3〉에 체크 시트가 갖춰야 할 기본적인 사항들을 열거하였다. ①번에서 ⑨번에 이르기까지 어느 것 하나라도 없어서는 안 될 것들이다. 그중에서도 가장 중요한 부분은 '⑥ 기준값' 이다. 이것이 빠지면 체크 시트의 의미가 상실된다. 어떤 프로젝트의 질이 충족되었는가를 확인하는 데 이 기준값이 없으면 그 확인이 불가능해지기 때문이다.

실제로 많은 경우의 프로젝트에 있어서 기준값이 모호한 것을 쉽게 찾아 볼 수가 있다. 아니 그 이전에 체크 시트 자체가 없는 경우도 너무나 많다. 그 결과 질적인 확인을 소홀한 채 지나쳐 나중에 큰 시행착오를 유발하는 경우가 다반사다.

이 기준값을 명확히 하고 실제값을 정확히 측정하여 '합격' 인

  체크 시트가 갖춰야 할 기본 사항들

항 목		내 용
기본항목	① 제목	체크 시트 명 ('○○ 체크 시트')
	② 체크 일시	체크한 날과 시각
	③ 체크 자	체크한 사람의 이름
	④ 소속 부서	체크한 사람의 소속 부서
필요항목	⑤ 체크 항목	체크해야 할 항목들
	⑥ 기준값	각 항목별 패스 판정 기준값
	⑦ 실제값	각 항목별로 실제 확인한 값
	⑧ 판정	기준과 실제값을 비교하여 낸 결론 (O, ×나 PASS, FAIL 등으로 표현)
	⑨ 비고	특이한 내용을 기록하는 칸

지 '불합격'인지를 확실히 판정할 수 있는 체크 시트가 되어야
한다.

3) 체크 시트 작성하기

〈표 Ⅲ. 2-4〉는 앞의 마스터 플랜 〈표 Ⅲ. 2-2〉 사례에서 3번과 4
번에 해당되는 내용이다. 3번은 준비 물품을 확인하기 위한 체크
시트를 준비하는 순서이고, 4번은 이 체크 시트를 이용하여 실제
로 확인하는 순서가 된다. 3번 순서에서는 ② 체크 일시, ③ 체크
자, ④ 소속 부서, ⑦ 실제 수량, ⑧ 판정, 그리고 ⑨ 비고에 해당되
는 칸들은 비어 있고 나머지는 전부 채워져야 한다. 특히 '⑥ 기
준'을 명확히 채우는 것이 가장 중요하다.

4번 순서에서는 이 체크 시트를 가지고 실제가 기준과 맞는가를
확인하는 것이다. 여기서 ⑦, ⑧, ⑨가 채워지게 된다.

앞의 예에서는 두 개의 '×' 판정이 나타남을 알 수 있다. 이와
같이 사전에 '×' 판정을 발견하여 실제 생산에 들어가기 전에 조
치를 취하는 것이 가능하기 때문에 해당 프로젝트가 성공적으로
완수되는 것이다.

여기서 소개하는 사례는 읽는 이들의 이해를 쉽게 하기 위해서
아주 간단하고 쉬운 사례를 든 것이다. 따라서 이 사례가 주는 개
념을 잘 이해하는 것이 중요하다. 이러한 개념이 이 책을 읽는 사

① 신설비 셋업시 준비물품 체크 시트	② 체크 일시	2008. 01. 01
	③ 체크자	이영숙 반장
	④ 소속 부서	제조 1팀

No	⑤ 항 목			⑥ 기준수량 (필요수량)	⑦ 실제수량 (보유수량)	⑧ 판 정	⑨ 비 고
	대분류	중분류	소분류				
1	자재	부자재	티져	1EA	1EA	○	
2			면봉	1통	1통	○	
3			솜방망이	1통	1통	○	
4			알코올통	1EA	1EA	○	
5		작업용품	Work Table	2EA	1EA	×	추가발주
6			의자	1EA	1EA	○	
7			Hand Cart	1EA	1EA	○	
8			Ground Strip	1EA	1EA	○	
17		보관용품 및 대기장소	작보&Inform Note보관함	1EA	0EA	×	추가발주
18			본딩 다이어그램 꽂이	1EA	1EA	○	
19			대기 Magazine	6EA	6EA	○	
20		전산 & 보조장비	Scope	1EA	1EA	○	
21			PDA & 충전기	1EA	1EA	○	
22		TAG 및 LOG	정비 TAG	2EA	2EA	○	
23			Inform Note	1권	1권	○	
24			메모지 및 TAG	100장	100장	○	
25			작업보고서	2권	2권	○	
26	비품	사무용품	계산기	1EA	1EA	○	

람들의 모든 프로젝트에 반영되어야 그 프로젝트가 성공할 수 있
는 것이다. 그 어떤 복잡한 프로젝트라도 이 책에서 소개한 플로
차트, 마스터 플랜, 체크 시트로 표현될 수 있음을 잊지 말아야
한다.

03...
초기관리 틀의 적용 방법

앞 부분에서도 언급한 바가 있지만 초기관리 프로젝트의 양상은 매우 다양하게 나타난다. 업종, 규모, 상황, 유형 등의 다양한 요소에 의해 이런저런 모양새가 다르게 나타날 수 있기 때문이다. 따라서 이러한 다양한 양상에 맞춰 유연하게 실질적인 틀을 운용하는 것이 중요하다.

세상의 모든 일이 다 그렇지만 어떤 정해진 틀을 고정시켜 놓고 거기에 기계적으로 꿰어 맞추는 식으로 돌아가게 되면 그 일은 틀림없이 피폐하게 된다. 이러한 경우엔 악순환이 가속화되어 점점 일은 힘들어지면서 성과는 나지 않는 쪽으로 진행되게 된다.

〈그림 Ⅲ. 3-1〉에서 보는 바와 같이 프로젝트를 성공시키는 데는 두 가지 요소가 작용한다. '좋은 틀' 과 '전문 지식' 이다. 좋은 틀이란 이 책에서 소개하고 있는 플로차트, 마스터 플랜, 체크 시트를 의미한다. 전문 지식이란 그야말로 해당 프로젝트에 관련된 전문적인 지식을 의미한다. 가령 반도체 제조 공정의 설비를 새로 도입하는 프로젝트로 치자면 설비의 작동원리나 특징 등이 전문 지식에 해당된다.

이러한 전문 지식의 수준이 높으면 높을수록 '틀' 이 좋아지게 된다. 전문 지식에 근거하여 빈틈없는 과정이 틀 속에서 나타나게 되고 철저한 확인이 가능한 체크 시트가 만들어지기 때문이다.

또한 틀이 좋으면 전문 지식이 활발하게 축적되게 된다. 체계적으로 자료들이 보관되도록 틀이 갖추어져 있기 때문에 프로젝트 수행 중에 나타난 새로운 노하우(Know How)나 노와이(Know why)가 누락 없이 축적될 수 있는 것이다.

여기서는 이러한 초기관리 틀을 잘 활용할 수 있는 데 초점을 맞춰 논하도록 한다.

프로젝트 초기관리 성공 요소

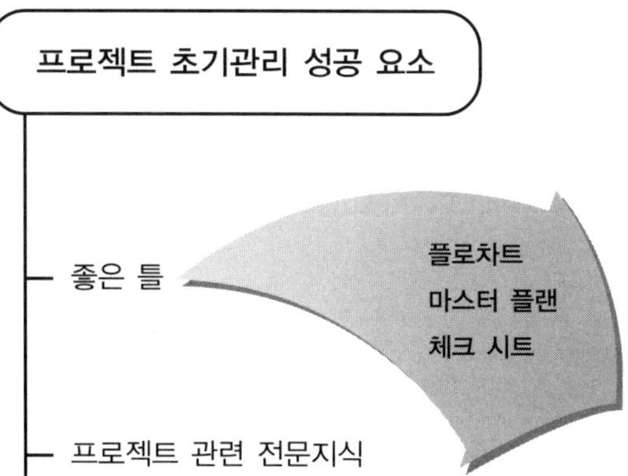

※ 틀과 지식의 관계

플로차트의 활용

플로차트는 프로젝트 활동에 직접 활용되는 도구는 아니다. 프로젝트의 전모를 눈에 잘 보이도록 표현한 것이다. 프로젝트 상의 모든 일들에 대해 그 책임 소재를 명확히 보여주고, 또한 그 일들의 순서를 명확히 보여준다. 그래서 우리가 프로젝트에 대한 처음부터 끝까지의 마스터 플랜을 수립할 때 아주 필요한 도구가 되는 것이다.

대부분의 프로젝트들은 반복적으로 수행되는 경우가 많다. 이러한 경우 아무런 변동이 없다면 두번째부터는 플로차트가 필요 없게 된다. 프로젝트의 과정이 먼저 수행된 것과 똑같기에 그때 사용했던 마스터 플랜과 체크 시트를 그대로 사용하면 될 것이다. 그러나 세상은 수시로 변하기 때문에 아무리 똑같은 프로젝트라도 달라지는 것이 있을 수밖에 없다.

플로차트는 이러한 변화가 발생할 때 즉시 변화 포인트를 찾을 수 있게 한다. 무언가 변한 것이 있다면 플로차트를 수정하는 것부터 해야 한다. 그래야 실제로 프로젝트를 관리하는 데 사용하게 될 마스터 플랜이나 체크 시트를 잘 만들 수 있기 때문이다. 만일에 플로차트를 무시하고 곧바로 마스터 플랜이나 체크 시트를 건드

린다면 언젠가는 틀 자체가 엉클어지게 될 것이다.

아무리 간단한 변동이라도 반드시 플로차트에서부터 차례대로 고쳐야 함을 잊지 말아야 한다.

마스터 플랜의 활용

마스터 플랜은 프로젝트를 진행함에 있어서 가장 중요한 관리표로서의 기능을 한다. 마스터 플랜을 만듦으로 해서 그 프로젝트가 시간과 공수가 얼마나 소요되는지 분명해지고, 각각의 일에 대한 역할과 책임이 더욱 확실해진다. 그리고 이 마스터 플랜을 가지고 매일매일 계획 대비 실적을 확인함으로써 무엇이 문제인지 금세 파악할 수 있게 된다.

따라서 프로젝트 관리자나 담당자는 프로젝트의 진척 상황을 쉽게 파악하고 프로젝트 진행을 방해하는 요소들을 쉽게 찾을 수 있게 되어, 시의적절한 대책을 수립할 수 있게 되는 것이다. 그렇게 됨으로써 프로젝트의 진행이 순조롭게 촉진되는 것이다.

마스터 플랜은 만들어 놓기만 하면 저절로 그 효력이 발생하는 것은 아니다. 위에서 언급한 대로 관리자나 담당자가 매일매일 계획 대 실적을 체크하면서 관리표로 활용할 때 그 효력이 발휘되는 것이다.

마스터 플랜을 잘 활용하면 프로젝트의 모든 이력이 남게 되어 다른 프로젝트를 수행할 때에 큰 도움을 얻게 된다. 앞의 프로젝트에서 발생했던 시행착오를 반복하지 않게 한다.

가령 우리가 어떤 단위 조직의 리더가 되었다고 치자. 보통은 여러 개의 프로젝트가 항상 걸려 있게 마련이다. 이 여러 개의 프로젝트의 진척 상황을 아무런 도구 없이 머리로만 파악하게 된다면 여러 가지 문제점이 나타나게 될 것이다. 우선은 기억력의 한계로 인해 미리 챙겨야 할 것을 빠뜨리는 현상이 나타날 것이다. 프로젝트에서 무언가 빠뜨리고 지나가게 되면 뒤에 반드시 착오가 생기는 법이다. 이로써 시간이 지체되거나 비용과 공수가 추가되는 불합리 현상이 나타나게 된다.

그리고 프로젝트의 진척 상황을 파악하는 데 처음부터 새롭게 확인을 하면서 지금 걸쳐 있는 일까지 접근을 해야 하므로 파악 시간이 오래 걸리게 된다. 이렇게 될 경우 일의 효율성 저하로 이어지게 된다.

또한 프로젝트의 각각의 단위 업무들에 대한 책임자가 불명확하게 되어 프로젝트의 사각지대가 발생하게 된다. 이러한 것이 애매하게 진행되어 나중에 문제를 일으키게 되는 것이다.

또한 프로젝트의 일정 관리를 소홀히 하게 되어 목표 일정에 맞쳐 완수하는 것이 어렵게 되는 경우도 발생하게 된다.

잘 만들어진 마스터 플랜 하나만 가지고 있으면 이러한 현상들은 거의 나타나지 않게 된다. 매일매일 계획된 대로 각 책임자가 진행하는 것을 제대로 챙기게 하는 데 이보다 더 효과적인 도구가 없다. 리더는 마스터 플랜에서 몇 가지만 짚어보면 된다.

① 오늘(지금 이 마스터 플랜을 보는 때)보다 지난날에 계획된 항목들 중에 아직 완료되지 않은 것이 있는지를 제일 먼저 확인한다(이는 실적 일정에서 비어 있는 칸을 찾으면 금세 찾을 수 있다).

② 만일 비어 있는 칸이 있다면 그 책임자(마스터 플랜 상에 적혀 있다)와 커뮤니케이션을 통해 의사 결정을 명확히 하고 계획을 수정한다.

③ 각각 하기로 한 일 중에서 문서류가 나와야 할 것(플로차트에서 　　　 부호로 표시된 것)에 대해서는 그 문서류의 형식적, 질적 수준을 확인하고 피드백한다.

④ 내일, 혹은 다음 주에 해야 할 일에 대해 명확히 짚어주고 상기시킨다.

⑤ 기타 다른 돌발 상황에 대한 커뮤니케이션을 갖고 계획을 보강한다.

프로젝트의 마스터 플랜이 있기 때문에 위와 같은 내용들을 짚어보고 관리할 수 있게 되는 것이다. 그렇기 때문에 프로젝트가 순탄하게 진척될 수가 있는 것이기도 하다. 곧 프로젝트를 성공적으로 완수함에 있어서 마스터 플랜이 얼마나 중요한 관리표가 되는지를 확인하게 되는 것이다.

체크 시트의 활용

체크 시트는 프로젝트를 수행함에 있어서 그 프로젝트의 질을 결정짓는 도구이다. 프로젝트의 중간중간마다 지금까지의 결과를 판단하고 앞으로 어떻게 해야 하는지에 대한 의사 결정 도구이기도 하다. 따라서 프로젝트의 성공에 핵심적인 작용을 하는 도구라 할 수 있다.

이 체크 시트에 담긴 항목과 판단 기준은 그동안 쌓아왔던 모든 기술력이 응집된 것이다. 실력이 있는 조직과 실력이 없는 조직의 차이를 바로 가늠해볼 수 있는 것이 이 체크 시트이다.

프로젝트의 사이사이에는 다음 단계로 넘어가기 전에 반드시 짚고 넘어가야 되는 질적인 항목들이 있기 마련이다. 이러한 것의 질적인 만족 없이 다음 단계로 넘어가면 모든 것이 시행착오가 되어 차라리 진행하지 않는 것만 못한 결과를 초래하게 된다. 따라서 프로젝트를 수행함에 있어서는 반드시 이러한 체크 시트를 운용해야 한다.

프로젝트의 질을 떨어뜨리는 데는 다음의 두 가지가 작용한다. 첫째는 잘 할 수 있는 것인데 소홀히 하거나 빠뜨리는 것이고, 둘째는 실력이 없어서 잘 하지 못하는 경우이다.

우리가 체크 시트를 적용하게 되면 최소한 할 수 있는데 빠뜨리는 잘못을 막을 수 있게 된다. 프로젝트가 크고 복잡할수록 이런 경우가 무수히 일어난다. 아니, 간단한 프로젝트라도 이런 잘못이 흔하게 발생함을 금세 찾아볼 수 있다.

우리가 어떤 행사에 사용하기 위해 주문 제작한 상패나 플래카드의 글자가 틀려서 반품하고 새로 만들게 하는 경우만 해도 그렇다. 그것을 제작하는 업체는 하나의 작은 프로젝트로 상패나 플래카드를 만드는 것인데 철저한 글자의 확인 없이 제작 과정을 진행하며 처음부터 새로 프로젝트를 반복하는 손실을 안게 되는 것이다.

프로젝트에 나타나는 문제들의 대부분이 이와 같은 케이스에 해당되는 것들이다. 잘 할 수 있는 것을 빠뜨리거나 소홀히 하여 잘못하는 것들이 대부분이다. 그래서 체크 시트를 철저히 적용하는 것이 매우 중요하다. 사람이 아무리 똑똑해도 실수를 할 수밖에 없다. 휴먼 에러가 그것이다. 휴먼 에러는 문제 발생 전까지는 전혀 자신이 잘못하고 있는 줄 모르는 것을 의미한다. 이는 문제가 발생해야 알 수 있는 것이다. 체크 시트는 이러한 휴먼 에러를 막아준다.

실력이 없어서 프로젝트의 질을 떨어뜨리는 경우는 좀체로 발생하지 않는다. 왜냐하면 실력이 없는 것을 이미 알고 있기에 그런 프로젝트에 손을 대지 않기 때문이다.

그러나 체크 시트의 철저한 운용은 실력을 향상 시키는 데 중요한 작용을 한다. 모든 판단 기준의 기술적 근거가 바로 체크 시트이기 때문이다. 또한 나중에 어떤 문제가 발견되었을 때 그 문제 발생의 실마리는 체크 시트에서 찾을 수 있다. 즉, 어떤 문제가 발생하였다면, 우리는 체크 시트 상에서 그 문제와 관련 있는 항목을 전부 찾아볼 수 있다.

그리고 우리가 무엇을 빠뜨린 것인지, 기준을 무시한 것인지, 기준이 잘못된 것인지, 새로운 항목의 추가가 필요한 것인지 등등을 규명하게 되는 것이다. 이런 경우 체크 시트가 있는 것과 없는 것의 차이는 극과 극에 달할 것이다.

〈표Ⅲ. 2-4〉(86쪽)에서 소개한 체크 시트의 구성 항목들을 빠짐없이 갖춰서 빈틈없이 작성하는 것이 중요하다. 특히 기준값과 실제값의 명확한 기입이 가장 중요하다. 그리고 반드시 한 항목, 한 항목 ○, × 판정을 하면서 철저히 확인해야 한다. 그리고 그 판정을 한 사람의 권위가 살아나도록 이름을 명시하여야 한다.

적용되는 초기관리 틀 \ 프로젝트 과정	기 획	계 획	설 계	제 작	설치· 시운전 (리허설)	초기 유동 (디버깅)	양산 (실험/ 적용)
규모가 크고 복잡한 프로젝트 플로차트	○	○	○	○	○	○	○
마스터 플랜	○	○	○	○	○	○	○
체크 시트	○	○	○	○	○	○	○

적용되는 초기관리 틀 \ 프로젝트 과정	계 획	설계 제작	설 치·실 행
규모가 중간인 프로젝트 플로차트	○	○	○
마스터 플랜	○	○	○
체크 시트	○	○	○

적용되는 초기관리 틀 \ 프로젝트 과정	준 비	실 행
규모가 작고 단순한 프로젝트 플로차트	×	×
마스터 플랜	○	○
체크 시트	○	○

이렇게 완성된 체크 시트를 토대로 해당 프로젝트의 책임자는 다음 단계로 넘어갈 것을 결정해야 한다. 그렇게 할 때만 해당 프로젝트가 성공할 가능성이 높아지는 것이다.

프로젝트의 규모에 맞는 초기관리 틀 적용

우리가 지금 추구하는 것은 '초기관리 틀'이 아니라 그 틀을 이용하여 프로젝트를 성공적으로 완수하자는 것이다. 그런데 프로젝트는 그 규모와 복잡성에 있어서 다양한 차이를 갖고 존재한다. 따라서 초기관리 틀을 적용함에 있어서 그 규모와 복잡성에 맞게 유연한 적용을 하는 것이 필요하다.

〈표 Ⅲ. 3-1〉에 제시한 대로, 규모가 크고 복잡한 프로젝트에는 프로젝트의 모든 과정에서 이 책에서 소개한 초기관리 틀을 아주 착실하게 적용하여야 한다. 반면에 프로젝트가 아주 작고 단순한 프로젝트에는 체크 시트만 적용해도 될 것이다.

이와 같이 틀을 적용함에 있어 유연성을 보이는 것이 필요하다. 그러나 유연성보다 더 중요한 것이 '착실함'임을 잊어서는 안 된다. 과정 관리를 조금 과잉되게 하더라도 결과의 성공이 확보된다면 그것이 훨씬 이득이 되기 때문이다.

Airline lounges
No smoking
IV.
효과적인 틀 적용의
노하우

↘↘↘

어떤 프로젝트에 초기관리 틀을 적용한다는 것은 적용하는 그 순간부터 그 프로젝트의 납기 목표와 질적 수준의 목표가 정해지게 됨을 의미한다. 왜냐하면 마스터 플랜 상에 마지막 일정까지 명확하게 표현해놓기 때문에 그것이 곧 납기 목표가 되는 것이다.

앞 부분에서도 잠깐 언급한 바 있는 대로 이 세상에는 수많은 프로젝트가 계속해서 진행되고 있다. 이 프로젝트가 성공적으로 수행되기 위해서는 프로젝트와 관련된 고유 기술의 뒷받침과 프로젝트를 진행하는 방법론적인 틀이 우수해야 한다.

이 책에서는 이미 밝힌 것처럼 모든 프로젝트마다 다른 고유의 기술에 대해 논하지는 않는다. 그 고유의 기술을 발전시키는 것은 별개의 것이고, 이 책에서는 그 고유의 기술을 가장 효과적으로 적용할 수 있도록 만드는 틀에 대해서 논하는 것이다. 그 틀이란 어떤 프로젝트라도 상관없이 해당되고 적용될 수 있는 것이다.

대부분의 사람들은 이러한 틀보다는 고유 기술에만 가치를 부여하고 관심을 갖는 경향이 있다. 프로젝트의 초기관리 틀에 대해 무지하기 때문이다. 그 방법론과 효과에 대해 잘 모르기 때문에 고유 기술에만 매달리게 되는데 여기에서 매우 큰 비효율성과 낭비가 뒤 따르게 되는 것이다.

그러면 초기관리 틀 적용이 어떻게 큰 효과를 나타내는지 알아보도록 하자.

01...

빠뜨림과 순서 바꿈이 없다

사람이 제아무리 똑똑해도, 어떤 프로젝트의 일련의 과정을 자신의 머리로만 진행해나갈 때, 어떤 단계의 빠뜨림이나 순서 뒤바꿈이 전혀 없이 완벽하게 진행하기란 불가능하다. 이것은 프로젝트의 규모가 크고 복잡할수록 더욱 그렇다.

프로젝트에서 어떤 단계를 빠뜨리거나 순서를 틀리게 진행하는 것은 그렇지 않을 때와 비교해서 그 결과의 차이가 너무 크게 나타난다. 결국 빠뜨림이 없고 순서의 뒤바뀜 없는 진행은 프로젝트의 경쟁력을 크게 좌우하는 요소가 되는 것이다.

마스터 플랜을 통하여 프로젝트 진행 과정 상의 누락과 순서 뒤바뀜이 방지되고, 체크 쉬트를 통하여 프로젝트 품질상의 결여가 방지된다.

이 부분은 초기관리 틀을 만들어 적용함에 있어서 가장 핵심적인 부분이 된다.

02...

사람이 바뀌어도
프로젝트 진행에 문제가 없다

어떤 조직이든 사람이 바뀌지 않는 곳은 없다. 조직 구조가 변형되거나, 퇴직하는 사람이 생기거나, 신입사원이 들어오거나, 전배가 발생하거나, 담당 업무의 변동이 발생하는 등으로 인해서 사람이 바뀌게 된다.

이러한 현상은 성장 속도가 빠르면 빠를수록 두드러지게 나타난다. 성장으로 인해 조직의 규모가 커지므로 기존 인력의 재배치가 불가피해지고 신입사원이 계속 증가하게 되는 것이다.

문제는 그 다음부터이다. 성장 속도가 빠른 곳일수록 각종 프로젝트가 많이 발생하는 법인데, 사람이 바뀌면 그 진행이 순조롭지 않게 된다는 것이다. 프로젝트의 규모가 크면 클수록 그런 현상이 강하게 나타난다. 그 결과 막대한 손실을 입게 되는 것이다.

그런 때 앞에서 논한 바 있는 초기관리 틀이 존재한다면 이러한 시행착오를 일으키지 않게 된다. 마스터 플랜과 체크 시트에 의해 누구나 수월하게 진행해 나갈 수 있기 때문이다.

초기관리 틀을 만들기는 그다지 어렵지 않다. 틀 만들기까지는 약간의 연구와 시간 할애가 필요하지만 일단 만들어 놓으면 그렇게 복잡해 보였던 프로젝트가 한눈에 장악되기 때문에 진행이 수월하게 되는 것이다. 아무리 사람이 바뀌어도 틀이 존재하는 한 큰 차이가 없는 결과를 얻게 되는 것이다.

03...

변화의 시대에
인력 조기 육성 효과가 있다

변화가 많은 시대에 많은 회사들의 고민 중 하나가 신입 인력의 조기 육성이다. 일은 많은데 신입 인력들은 제몫을 못하는 실정이기 때문이다. 이는 일하는 체제가 표준화되어 있는 정도와 완전히 반비례한다. 표준화가 잘 되어 있을수록 신입 인력의 조기 육성이 힘을 받는다.

여기서 말하는 초기관리 틀이란 바로 프로젝트를 수행하는 체계를 표준화한 것을 의미한다. 신입 인력에 있어서 아무리 간단한 일일지라도 표준화된 틀이 있는 것과 없는 것과는 그 일을 수행하는 데 극단의 차이가 날 수밖에 없다. 실제로 필자는 여러 회사를 지도하면서 그러한 현상을 많이 보아왔다.

반도체를 만드는 회사에서는 신제품을 개발하는 일이 모든 엔지니어의 일에서 절반은 차지한다 해도 과언이 아니다. 그런데 이 회사에 초기관리 틀이 만들어지기 전까지만 해도 개발 업무는 당연히 경력이 많은 선배 사원들만이 할 수 있는 일이었고 신입 사원들은 엄두도 내지 못하는 일이었다.

그런데 선배 사원들이 그 일을 하더라도 초기관리 틀이 만들어지기 전에는 숱한 시행착오를 당연히 받아들이는 분위기였다. 한마디로 신제품과 관련된 업무는 어렵고 힘든 일로만 간주되어 당연히 선배들의 몫이었던 것이다.

그런데 초기관리 틀을 만들고 난 뒤부터는 신입사원들도 그 일을 더욱 효과적으로 수행할 수 있게 되어 굉장한 성과를 거두는 것을 수없이 보아왔다.

물론 초기관리 틀이 전문 지식을 가져다주는 것은 아니다. 하지만 전혀 엄두를 내지도 못하는 신입 사원과 틀이 있어서 실무를 수행하게 된 사원 사이에는 지식 습득의 차이가 매우 커지게 된다. 초기관리 틀로 일을 진행하면서 자연히 관련된 전문지식의 습득이 이루어지는 것이다. 소위 말하는 OJT(On the Job Training), 즉 일하면서 배우는 현상이 아주 강하게 나타나게 되는 것이다.

04...

목표의식 강화로
과정 충실화가 유도된다

어떤 프로젝트에 초기관리 틀을 적용한다는 것은 적용하는 그 순간부터 그 프로젝트의 납기 목표와 질적 수준의 목표가 정해지게 됨을 의미한다. 왜냐하면 마스터 플랜 상에 마지막 일정까지 명확하게 표현해놓기 때문에 그것이 곧 납기 목표가 되는 것이다. 또한 체크 시트 상에는 질적 수준의 기준이 명확히 표현되어 있기 때문에 자연히 그것이 질적인 목표가 되는 것이다.

초기관리 틀이 적용되기 전에는 그것을 담당하는 사람들이 그냥 닥치면 대응하는 식으로 일을 했기 때문에 결과가 나와야 나오는가보다 하기 일쑤였다. 모두들 그럴 수밖에 없으려니 간주하고 지나갈 수밖에 없었다. 그러나 초기관리 틀이 만들어지면서 모든 과정을 한눈에 장악하게 되고, 세부 일정이 명확히 세워지게 된다. 따라서 무엇을 언제까지 해야 하는지를 사전에 알 수 있게 되므로 자연히 목표의식이 강화되게 된다. 목표를 명확히 파악하고 일을 하는 것은 그만큼 과정을 충실히 유도하는 것으로 이어진다.

결과적으로 프로젝트의 납기가 단축되고 수행 품질이 향상되게 된다. 바로 이 점이 프로젝트 초기관리의 핵심이 되는 부분이기도 하다.

05...
시너지와 연속 효과로 이어진다

대부분의 프로젝트들은 부서가 다르거나 사람이 다른 곳에서 복수로 발생되어 함께 진행된다. 서로 다른 작은 프로젝트로 분화되어 진행되는 것이다. 이러한 것들은 마치 나뭇조각을 잇대어서 만든 물통과 같은 모양이라 할 수 있다. 어느 한 군데서 문제가 발생되면 전체가 전부 문제가 생긴 것이나 다름없는 관계를 갖고 있는 것이다.

따라서 각각의 단위 프로젝트들이 성공적으로 완수되면 전체 프로젝트가 성공하는 결과로 이어진다. 이러한 것을 시너지 효과라 할 수 있다.

또한 프로젝트들은 지속적으로 반복되는 것들이 많기 때문에 일단 이러한 틀을 적용하기만 하면 그 다음부터는 훨씬 수월하게, 그리고 더 좋은 틀을 만들어 훨씬 효과적으로 프로젝트를 수행할 수 있게 된다.

이러한 연속 효과는 초기관리 틀이 있는 것과 없는 것과는 엄청난 차이로 나타난다. 따라서 일단 초기관리 틀이 적용되기만 하면 그 다음부터는 의심할 여지없이 이전보다 더 좋은 성적을 내는 프로젝트 수행이 될 것이다.

Airline lounges
No smoking
V.
나타나기 쉬운 걸림돌

무언가 바꾸려 하면 일단 사람들 마음에 거부감이 생기는 것이 일반적인 현상이다. 더구나 이와 같은 틀 만들기를 처음 시도하면 틀림없이 거부하는 심리가 일어난다. 그것이 아무리 좋은 것일지라도 이미 익숙해져 있는 것을 버리고 새로운 것을 취하기는 그리 쉽지 않다.

아무리 좋은 틀이라도 운용하는 사람들의 이해 부족이나 적용 오류로 인해 어리석은 과정과 결과를 낳게 하는 수가 있다. 다음은 프로젝트가 진행되는 곳에서 아주 흔히 나타날 수 있는 문제점들이다. 이러한 문제점들 때문에 초기관리 틀 만들기가 지체되거나, 초기관리 틀을 만들었어도 그 활용도가 떨어지는 결과를 빚게 되는 것이다. 물론 여기에서 제시한 것 이외의 현상도 충분히 나타날 수 있다. 이러한 문제점이 나타나는 것을 그대로 인정하지 말고 반드시 극복해야 한다.

01...

프로젝트가 뭔지도 모른다

초기관리를 수행하는 데 있어서 가장 먼저 나타나는 걸림돌은 초기관리의 대상인 프로젝트가 뭔지도 모르는 것이다. 실제로는 우리가 수행하는 업무 속에 많은 프로젝트가 존재함에도 그냥 이전에 하던 대로 혹은 그냥 닥치는 대로 그 일을 수행하면서 지내는 것이다.

이 책의 앞 부분에서 설명했듯이 프로젝트란 시작과 끝이 명확한 일이다. 이러한 일을 명쾌하게 구별해 초기관리를 확실하게 하여야 시행착오가 최소화되고 그 일의 납기가 단축이 되면서 업무

성과가 높아지는 것이다.

그런데 실제로는 너무나 많은 곳에서 프로젝트를 프로젝트로 여기지 않고 있기에 초기관리의 시도조차 할 수 없는 상황이 발생되고 있다.

필자가 지도했던 한 회사의 어떤 단위 조직의 예를 들어보자. 반도체 제조 공정 엔지니어 조직이었는데 처음에는 프로젝트의 개념조차 없었다. 어떤 상황이 닥치면 그에 대응하는 식으로 일을 해온 조직이었다. 당연히 초기관리란 활동도 없었다. 그런데 자신들의 일을 자세히 들여다본 후에 그 속에 무려 다섯 가지의 프로젝트가 있음을 발견하게 되었다. 회사에 신제품이 도입되면 그와 관련해 자신들의 공정에서 수행해야 하는 일, 신설비가 도입되면 수행해야 하는 일, 설비의 개조 개선이 실시되면 수행해야 하는 일, 공정 변경을 시도하는 일, 설비 부품을 바꿀 때 수행해야 하는 일 등이 그것이다.

이렇게 모든 종류의 프로젝트를 규정짓고, 앞에서 소개한 초기관리 틀을 각각의 프로젝트 별로 구축하고, 이를 활용하여 초기관리를 잘하게 되니 자연히 업무가 수월해지고 시행착오가 줄어들면서 공정사고가 현격하게 줄어드는 성과를 내게 되었다.

이와 같이 우리의 일을 뜯어보면, 초기관리를 잘하면 더 좋은 성과가 나올 수 있는 프로젝트성 일들이 꽤 많음을 알 수 있다. 우리는 가장 우선적으로 이러한 것들을 구별해내야 한다.

　거듭 강조하지만 이는 앞에서 예로 든 제조 분야뿐만 아니라 어느 분야를 막론하고 해당되는 사항이다. 특히 인사, 관리, 총무 등의 간접 분야는 이러한 초기관리 활동 대상 외 분야인 것처럼 여기는 경향이 매우 강한데, 그런 곳도 예외 없이 해당되는 사항임을 분명히 밝힌다.

...02
관행에 젖어 새로운 시도를 거부한다

초기관리 활동을 하게 되면 반드시 처음에 초기관리 틀을 만들어야 한다. 플로차트를 만들고 마스터 플랜과 체크 시트를 만들어야 하는 것이다. 그런데 그것이 그리 간단하게 만들어지지는 않는다. 프로젝트가 크면 클수록 더욱 그렇다.

무언가 바꾸려 하면 일단 사람들 마음에 거부감이 생기는 것이 일반적인 현상이다. 더구나 이와 같은 틀 만들기를 처음 시도하면 틀림없이 거부하는 심리가 일어난다. 그것이 아무리 좋은 것일지라도 이미 익숙해져 있는 것을 버리고 새로운 것을 취하기는 그리 쉽지 않다. 더구나 그 일이 조직 전체에 걸려 있는 일이면 더욱 어렵다. 그래서 '전사적 활동'이라는 강력한 의지를 담아 추진하는 것이 필요하다. 그러한 것이 없는데 어느 한 개인이 스스로 앞장서서 열심히 변화를 시도하기란 무척 어렵기 때문이다.

필자가 지도했던 곳에서의 경험을 예로 들어보자. 어떤 엔지니어 그룹을 지도할 때였다. 그 조직원들은 처음에 초기관리 틀을 만들기를 시도하는데 좀체로 진도가 나가질 않았다. 처음부터 아주 부정적인 반대 의견을 폈다. 하지만 논리적인 설득에 어쩔 수 없이 따라야 하는 상황이 되자 겨우 하는 척 시늉만 냈다. 그래서 구체적으로 파고 들어 그들이 열심히 실행하고 있지 않다는 것을 밝혀내자 그때서야 본격적으로 초기관리 틀 만들기에 임하는 모습을 보였다.

회사의 강력한 의지와 지도하는 사람이 정확하게 그리고 끈질기게 문제를 파악하여 피드백하는 일이 없었더라면 결코 변화를 기대할 수 없다는 것을 알게 하는 사례였다.

또 이런 사례도 있었다. 제품을 개발하는 조직이었는데 이러한 틀 만들기 등은 전혀 개의치 않는 곳이었다. 당시에 이 회사에는 전사적인 '신 TPM'이란 혁신 활동을 벌이고 있었는데, 이 부서는 관장하는 임원이 달라서 그 활동에 참여하지 않고 있었기 때문에 전혀 개의치 않았던 것이다. 아이러니한 것은 다른 현장에서는 개발 부문에서 이러한 초기관리 활동을 하여야 한다고 강력히 주장하는 상태였고, 더구나 현장에 있던 임원이 그쪽으로 전배된 상황이었는데도 별 변화가 없었던 것이었다. 그 임원의 상사가 그런 활동에 전혀 관심이 없었기 때문이었다.

개발 부문에서 일하는 사람들은 대개 고급 인력이라서 자신들이 최고라는 의식이 강한 편이다. 따라서 좀체로 혁신 활동 같은 변화 활동에 적극적으로 참여하지 않는 경향이 강하다. 그러나 개발 부문에서의 초기관리 활동은 정말 중요하다. 그들의 아주 작은 착오일지라도 점점 다음 단계로 거쳐가면서 커다란 문제로 나타나기 때문이다. 개발 부문에서 초기관리 활동을 하지 않으면 호미로 막을 수 있는 것을 가래로 막는 결과가 나타나게 되어 있다. 이러한 현상은 조금만 파헤쳐보면 쉽게 확인할 수 있는 것이다.

이와 같은 개발 부문에서 초기관리 활동을 착실히 하는 것은 실제적으로 회사에 매우 큰 기여를 하게 된다. 그러나 그러기 위해서는 해당 조직을 맡고 있는 TOP의 리더십이 강하게 작용하여야만 가능할 것이다.

03...

특정 업무를 독점하려는
담당자의 거부

특히 프로젝트에 있어서는 틀로 정형화되어 있는 것과 그렇지 않은 것 사이에 엄청난 큰 차이가 있다. 틀이 만들어져 있지 않으면 그 일을 수행하는 사람이 엄청난 기술력을 보유한 것처럼 보이고, 다른 사람은 할 수 없는 일이 되고 만다. 하지만 틀이 만들어지는 순간 그 엄청난 기술은 보편적인 일로 바뀌게 되고 누구나 수행할 수 있는 상태가 되는 것이다.

그러나 이러한 상태가 되는 것을 싫어하는 사람도 있다. 그 일을 주로 담당했던 사람이다. 이전에는 자신만 할 수 있는 상황이었는데 그것을 다른 사람들도 무리없이 할 수 있게 되면 그만큼 자신의 존재 가치가 희석된다고 생각하기 때문이다.

물론 이러한 이유를 노골적으로 드러내 놓는 사람은 없다. 겉으로 표현하는 이유는 다양하게 나타난다. 상황이 복잡하다든지, 가변 요소가 많다든지, 특수한 상황이라든지 하는 등의 그럴듯한 이유를 들어 거부한다.

하지만 그 속내를 보면 자신이 하던 그 수준 높게 인정되던 일이 별 것 아니었던 것 같이 보이는 것에 대한 두려움이 작용하는 것이다. 이런 사람들에겐 특히 한참 뒤에 들어온 후배들이 자신들과 별 차이 없이 일하게 되는 것에 대한 두려움이 크게 작용할 수 있다.

하지만 이는 크게 잘못된 패러다임을 갖고 있는 데서 기인하는 것이다. 틀을 만들어 놓는 것이 자신의 모든 노하우를 드러내놓고 끝내는 것처럼 생각하기 때문에 이 같은 심리가 나타나는 것이다.

그러나 틀을 만들어 놓는 것은 끝이 아니라 시작인 것이다. 이러한 초기관리 활동을 해보면 금세 알게 되겠지만, 틀이 있기 때문에 더 나은 지식이 더 빨리, 그리고 더 많이 축척되어 자신에게 도움을 주는 결과로 이어지는 것이다.

초기관리 틀을 착실히 적용하면서 프로젝트를 진행하면 우리가 어디가 강하고 약한지를 정확히 파악할 수 있게 된다. 따라서 약한 곳을 보강하기 위한 노력이 집중적으로 일어나게 되고, 그 결과 구성원들이 적극적으로 임하면서 새로운 지식이 창출되는 것이다.
새로운 지식이 창출되면 다시 초기관리 틀이 업그레이드되면서
프로젝트의 경쟁력이 강화되는 것이다.

　이러한 증상은 너무나 흔하게 나타나는 것들 중 하나이다. 대부분의 프로젝트들은 납기가 정해져 있다. 따라서 그다지 여유롭게 진행할 수 없는 상황에 놓이게 된다. 일단 프로젝트가 착수되면 정해진 납기 내에 완수해야 하기 때문에 바쁘게 움직여야 한다. 더욱이 중요한 프로젝트일수록 처음에 의사결정할 때 많은 시간이 걸리기 때문에 제 때에 시작을 하지 못하고 늦어지는 경우가 많다. 그러면 그 프로젝트를 수행하는 사람들은 더욱 바빠지게 된다. 늦게 시작했어도 납기는 변동이 없기 때문이다. 오히려 납기가 더 앞으로 당겨지는 경우도 있다. 그러면 더더욱 급하게 진행할 수밖에 없다.

이렇게 바쁘게 돌아가는 상황에선 당장 급하게 해야 할 일이 계속 대두되게 된다. 프로젝트 내의 일련의 과정들이 다 연결되어 있기 때문이다. 이런 상황에서 프로젝트를 잘 수행하기 위한 초기관리 틀을 만들 것을 주문하면 대부분 힘겨워한다. 그런 것을 만드는 것보다 프로젝트에 직접적으로 해당되는 일을 조금이라도 더 진행하는 것이 전체 납기 달성에 도움이 된다고 생각하기 때문이다.

그러다보면 그냥 과거에 하던 대로 닥치는 대로 일 처리를 하게 된다. 그렇게 되면 초기관리 틀이 잘 만들어져 있었다면 발생하지 않을 시행착오를 숱하게 겪으며 일이 진행되는 것이다. 또한 시간에 쫓기므로 당연히 초기관리 틀을 만들지 못한 채 지나간다. 그 프로젝트가 끝나게 되면 초기관리 틀 만드는 것은 시도조차 하지 않는다. 또 다른 일들이 대두되기 때문이기도 하지만, 프로젝트가 끝나면서 필요성도 사라지기 때문이다. 그러다가 또 다시 새로운 프로젝트를 시작하게 되면 똑같은 상황이 반복된다. 마음속으로 초기관리 틀이 잘 만들어져 있으면 좋겠다고 생각하면서도 실제로는 그것을 만들 시간이 없는 것이다.

초기관리 틀 만드는 것은 프로젝트가 진행될 때 하는 것이 가장 효과적이다. 물론 이때 만드는 틀은 당해 프로젝트엔 도움이 되지 않을 수도 있다. 오히려 틀 만드는 노력과 시간이 더 들어갈 수도 있다. 그러나 중요한 것은 그렇게라도 만들어 놓기만 하면 다음부터는 절반의 노력으로 배 이상의 성과를 내는 결과를 얻게 된다는 것이다.

프로젝트의 악순환을 선순환으로 바꾸는 데 결정적인 역할을 하는 것이 처음에 초기관리 틀을 만들어내는 것이다. 여기에는 바쁜 현실 속에서도 미래를 위한 투자를 하는 노력이 반드시 필요하다. 아무리 바빠도 틀을 만들어 놓아야 초기관리를 한다고 할 수 있고, 초기관리를 해야 프로젝트의 성공을 기대할 수 있는 것이다.

05...

어렵다는 선입견 때문에
아예 시도하지 않는다

우리가 흔히 듣는 프로젝트란 말은 대형 프로젝트를 지칭하여 사용한다. 그래서 많은 사람들은 프로젝트라 하면 대규모의 플랜트를 건설하거나 달에 로켓을 쏘아 올리는 등으로 거창하게 생각하는 경향이 강하다. 따라서 그런 대형 프로젝트에는 아주 고차원적인 프로젝트 관리 기법을 사용하여야만 할 것으로 여긴다. '퍼트—씨피엠(PERT—CPM)' 같은 것이나 이를 응용한 컴퓨터 프로그램 등이 필요할 것으로 여긴다. 그런데 이러한 기법들은 상당한 전문성을 요하기 때문에 누구나 사용하기가 곤란하다. 그래서 아예 프로젝트 자체를 무조건 어려운 것으로 간주하고 만다.

그런데 실제 우리 일상 속에는 그렇게 거창하지 않은 프로젝트들이 수없이 많다. 그리고 그것들은 그렇게 고차원적인 기법을 사용하지 않고도 얼마든지 잘 소화해낼 수 있는 범주의 것들이다. 웬만큼 큰 규모의 프로젝트도 사실은 여기에 해당된다. 대부분의 크고 작은 프로젝트들은 이 책에서 소개하고 있는 아주 간편한 '초기관리 틀'로 아주 훌륭하게 소화해낼 수 있다. 다시 말해 우리 주변의 대부분의 프로젝트는 이 책에서 소개된 초기관리 틀로 아주 손쉽게 성공적으로 수행할 수 있다는 것이다.

06...

타이밍을 놓친 뒤 형식 맞추기에 급급하다

회사에서 프로젝트 관리를 강조하게 되면 흔히 나타나는 증상이다. 프로젝트를 관리하거나 수행하는 사람들은 대체로 고급인력에 해당되는 사람들이다. 그런데 이들이 지닌 특징 중 하나는 어떤 틀에 얽매이거나 간섭 받는 것을 싫어한다는 것이다. 따라서 처음에 초기관리 틀 만들기를 시도하게 되면 이들의 보이지 않는 심리적 저항에 부딪히게 된다. 아주 미온적으로 마지못해 움직인다든지, 이런저런 이유를 들어 안 되는 쪽으로 유도한다든지, 아예 노골적으로 관여하지 않는 자세를 취하는 등의 여러 가지 모습의 저항이 나타나는 것이다.

이러한 저항을 타파하기 위해서는 강력한 리더십이 작용해야 한다. 또한 시스템화해서, 하지 않으면 안 되게 만드는 것도 필요하다. 시스템화한다는 것은 전산 프로그램을 개발해서 모든 프로젝트의 등록에서부터 진행 관리, 완료까지의 전 과정을 관리하는 것을 말한다. 이렇게 하면 과정의 진척을 촉진시키는 것은 물론이고, 모든 근거 정보들이 컴퓨터에 다 수집되어서 누구나 공유할 수 있는 장점이 확보된다.

그런데 문제는 그 다음부터이다. 많은 사람들이 이렇게 전산화된 틀을 자신의 프로젝트를 잘 관리하기 위한 수단으로 쓰기보다는, ‘이 틀을 사용했다’ 라는 근거 남기기로 사용하는 일이 벌어진다. 즉, 이미 프로젝트는 종결되었는데 전산 시스템에 들어가서 그 이력을 남기기 위한 작업을 나중에 하는 것이다. 초기관리 본래의 취지인 ‘미리 준비’ 한다는 취지가 전혀 살아나지 않는 현상이 발생하는 것이다.

강력한 리더십의 구사로 일단 틀 만들기를 이루어냈다면 그 다음엔 실질적으로 그 틀이 활용되고 있는지를 확인하며 완성시키는 쪽으로 그 리더십의 작용이 옮겨가야 한다. 즉 프로젝트에 관여하고 있는 고위직 임원이 프로젝트 관리 틀이 제대로 활용되고 있는지 섬세히 확인하면서 지도하고, 지시하고, 지원해야 한다.

물론 타이밍을 놓쳤더라도 이력 남기는 작업은 하는 것이 좋다. 다음 프로젝트에 그만큼 도움이 되기 때문이다. 조금만 부지런하면 '근거 남기기' 가 아닌 '미리 준비' 하는 활동이 되고, 그 차이는 비교할 수 없는 결과로 나타난다.

시스템에 얽매여
맹목적으로 따라간다

시스템이란 목적이 아니고 수단이다. 무엇인가를 더 효율적으로 신속하고 정확하게 해내기 위한 도구로써 만들어진 것이 시스템이다. 그런데 한참 사용하다보면 우리가 시스템에 얽매여 문제를 그냥 안고 가는 경우를 종종 볼 수가 있다. 마치 시스템 자체가 목적인 것처럼 여기면서 아무런 생각 없이 시스템이 시키는 대로 하는 것이다.

초기관리 틀이 발전하게 되면 전사적으로 시스템화가 되어, 누구나 프로젝트를 진행하게 될 경우 반드시 그 시스템을 이용해야만 되는 수준까지 간다. 이럴 경우 어떤 불합리한 점이 발견되면 시스템을 수정해야 프로젝트가 바르게 잡히는 상황이 벌어진다.

그런데 시스템을 수정하는 일은 그리 간단한 일이 아니다. 이런 저런 번거로운 과정을 거쳐야만 수정이 된다. 더구나 조직이 큰 경우에는 시스템화하는 부서가 별도로 존재하게 되는데, 그 시스템을 운용하는 부서에서는 시스템 수정은 모두 자신의 일이 아니고 그 부서의 일이라고 여기는 경향이 강하다. 따라서 불합리한 점이 있어도 그냥 떠안은 채로 진행하기가 쉽다. 불합리한 것을 조금 감수하는 것이 시스템을 수정하는 것보다 더 쉽다고 여기기 때문이다. 이런 상황이 만들어지면 초기관리 틀을 시스템화해 놓은 효과가 더 이상 나타나지 않는다.

초기관리 틀은 계속해서 발전해야 한다. 왜냐하면 어떤 프로젝트를 수행할지라도 그 프로젝트 관련된 모든 것들이 계속 변화하고 있기 때문이다. 따라서 그 변화를 수용하기 위해서는 초기관리 틀도 달라져야만 하는 것이다. 이렇게 상황에 맞춰 달라지는 것을 발전이라고 표현한다.

이렇게 초기관리 틀의 지속적인 발전을 도모하지 않으면 결국에는 별로 도움을 주지 못하면서 맹목적으로 따라해야 하는 애물단지가 되고 말 것이다.

VI.
성공을 위한 맥

↘↙↙

프로젝트를 진행할 때 시행착오를 겪으면 그때서야 그런 것을 미리 준비해야 할 필요성을 느끼지만 그때뿐이다. 해당 프로젝트에는 이미 소용이 없기 때문에 그냥 지나쳐버리는 것이다. '언젠가' 는 그런 체계를 갖추어야 한다는 것을 알면서도 매번 반복적으로 시행착오를 겪는 것이다.

앞에서 논한 바와 같이 그 어떤 프로젝트라도 잘 구축된 초기관리 틀에 의해 착실히 수행되기만 하면 틀림없이 성공할 수 있을 것이다. 이러한 초기관리 틀을 착실히 수행하는 것을 도와주는 몇가지의 맥이 있는데, 이는 필자의 경험을 통해 얻어진 것이다. 이를 잘 활용하면 성공적인 프로젝트 수행에 크게 도움이 될 것이다.

01...

표준화하라

표준화란 가장 좋은 방법을 정하여 누구나, 언제나 똑같이 그 정해진 방법대로 움직이도록 만들어 놓는 것을 의미한다. 혼자서 일하는 곳이 아니라면 표준화는 상당한 효과를 가져다 준다. 그 효과를 열거해 보면 아래와 같다.

① 상당한 절차를 이미 준비된 상태에서 출발할 수 있어서 많은 시간이 절약된다.
② 한 번 발생했던 시행착오를 반복하지 않게 된다.

③ 어떤 문제가 발생하면 그 문제에 대한 추적과 해결이 수월하
　 게 된다.

④ 표준화가 잘 되어 있으면 그 일을 수행할 수 있는 사람의 범
　 위가 넓어진다.

⑤ 일하는 사람이 바뀌어도 방법은 바뀌지 않기 때문에 품질의
　 편차가 최소화된다.

⑥ 어떤 변동이 생기면 그것을 표준화하는 것은 기존 표준에서
　 일 부분을 바꾸기만 하면 된다. 즉, 처음부터 새로 시작할 필요
　 없다.

⑦ 일의 배분이나 계획의 수립 등의 관리 업무가 용이해진다.

　이상과 같은 효과는 그 어떤 반대급부와는 견줄 수 없는 절대적
인 것이라 할 수 있다.

　표준화하면 행동이 경직되고 유연성이 떨어지게 된다고 주장하
는 사람들도 있다. 그러나 이는 극히 편향된 시각으로 바라보고 하
는 주장에 불과하다. 〈그림 VI. 1-1〉에서 보는 것처럼 어떤 일이 지
속적으로 발전하는 데는 잘 되어 있는 표준화와 일하는 사람들의
높은 의욕이 함께 어우러지는 것이 필요하다. 어떤 개인의 시작점
은 현재의 표준화가 되기 때문에 이 표준화가 잘 되어 있으면 시작
점이 가장 앞에 놓이는 것과 마찬가지이기 때문이다.

그림 Ⅵ. 1-1
표준화와 의욕 매트릭스
표준화
잘 되어 있음
현상
유지
지속
발전
표준화
안 되어 있음
퇴보
시행착오
다발
사람들
의욕
약함
사람들
의욕
강함

반대로 아무리 사람들의 의욕이 좋더라도 표준화가 잘 되어 있지 않으면 저마다 시작점이 다르게 되어 수많은 시행착오가 발생하면서 시간과 노력의 낭비가 생기고 마는 것이다.

이런 현상이 발생하는 곳에서는 목소리 큰 사람의 영향을 가장 크게 받게 된다. 문제를 많이 안고 있으면서도 그것이 최선인 것으로 인식하게 되고, 설령 문제를 인지하더라도 어디서부터 어떻게 손을 써야 할지 몰라서 그냥 묻어버리고 지나치는 상황이 벌어지게 된다. 이러한 현상을 사라지게 하는 시작은 표준화이다.

프로젝트 초기관리에서 표준화란 구체적으로 다음과 같이 나누어서 생각할 수 있다.

① 기본 틀의 표준화(이 책에 지금까지 나왔던 내용)

- 플로차트(Flow Chart)

- 마스터 플랜(Master Plan)

- 체크 시트(Check Sheet)

② 각종 양식류의 표준화 (프로젝트에 사용되는 양식)

- 프로젝트 수행시 사용되는 모든 양식류

③ 표준 업그레이드 절차의 표준화

- 프로젝트를 수행하면서 발견되는 개선점을 반영하는 절차. 즉, 기본틀이나 각종 양식류를 업그레이드시키는 절

차를 의미함.

가령 어떤 프로젝트를 수행하는 데 있어서 절차상의 오류가 발견되었다고 하자. 이러한 오류가 다시는 나타나지 않게 하기 위해서는 우선 플로차트를 수정해야 한다. 플로차트는 일의 순서와 관계 등을 한눈에 볼 수 있게 하는 장점이 있기 때문에 오류를 수정하게 하는 데 아주 도움이 된다. 그 다음에 수정된 플로차트대로 마스터 플랜을 수정한다. 이렇게 함으로써 다음 프로젝트에는 동일한 오류가 나타나지 않게 만들어지는 것이다.

또한 프로젝트 내에 어떤 질적 기준이 변경되었을 때에는 체크 시트를 수정하면 된다. 이런 식으로 모든 양식류의 개정도 이루어지게 된다면 항상 시행착오 없는 매끈한 프로젝트를 기대할 수 있을 것이다.

...02
절차와 지식을 구별하라

초기관리 틀을 만드는 데 있어서 플로차트를 작성할 때 절차와 지식을 구별하여 절차 중심으로 만드는 것이 반드시 필요하다. 여기서 말하는 절차란 한 단위의 일, 즉 한번에 이루어지는 최소 단위의 일을 순서대로 나열해놓은 것을 뜻한다. 또한 여기서의 지식이란 한 단위의 일을 수행하는 데 도움이 되는 노하우나 노와이 등을 뜻한다.

플로차트는 절차를 명확히 해놓는 것이다. 그 다음에 필요한 지식을 관리해야 한다. 자칫 지식에 해당되는 내용을 절차로 표현하려는 시도가 있을 수도 있는데, 이는 노력이 들어간 만큼의 효과로 이어지지 않을 것이다. 오히려 프로젝트 관리 도구로 사용하기에 비효율적인 것이 될 것이다.

이 부분은 간단하게 설명하였지만 초기관리 틀을 경쟁력 있게 만드는 데 아주 중요하게 작용하는 부분이므로 잘 소화해야 한다.

시작은 빠를수록 좋다

프로젝트 초기관리 활동은 일찍 착수하면 할수록 선순환의 궤도가 만들어지는 정도가 높아진다. 어차피 해야 할 프로젝트라면 무조건 일찍 착수하는 것이 좋다. 물론 무조건이란 말은 제약 조건을 초월하지 않는 범위 내에서 시기의 중요성을 강조하는 것이다.

많은 경우에 아주 간발의 차이 때문에 악순환의 궤도를 벗어나지 못하는 상황에 처하게 된다.

어떤 일을 수행함에 있어서 미리 준비하고 있는 상태에서 그 일을 맞게 되는 상황이 이어지면 이를 선순환의 궤도로 돈다고 할 수

있고, 그와는 반대로 일이 닥치거나 문제가 터지면 움직이는 상태
가 계속되면 이를 악순환의 궤도를 돈다고 할 수 있다.

일단 악순환의 궤도로 접어들게 되면 거기서 헤어나오기란 그
리 쉽지가 않다. 그 고리를 끊기 위한 특단의 조치와 노력이 투입
되지 않는 한 벗어나기가 어렵게 되는 것이다.

선순환의 궤도를 만드는 데 미리 준비하는 것보다 더 좋은 약은
없다. 미리 준비하는 것이 바로 초기관리 틀을 활용하여 가능하게
되는 것이다.

...04
타이밍을 놓쳤다면 틀이라도 남겨라

앞 부분에서 잠시 거론한 내용이지만, 중요한 의미가 담겨 있기에 다시 한번 강조한다.

어떤 프로젝트를 수행할 때 그 절차나 체크 시트같은 양식들이 사전에 준비되어 있어야 그 프로젝트의 수행이 성공적으로 이루어질 가능성이 높아진다. 그런데 대부분의 경우에는 이런 프로젝트의 수행이 경험으로 반복되기 때문에 사전에 절차나 양식들이 사전에 준비되지 않은 채 진행되곤 한다.

프로젝트를 진행할 때 시행착오를 겪으면 그때서야 그런 것을 미리 준비해야 할 필요성을 느끼지만 그때뿐이다. 해당 프로젝트에는 이미 소용이 없기 때문에 그냥 지나쳐버리는 것이다. '언젠가'는 그런 체계를 갖추어야 한다는 것을 알면서도 매번 반복적으로 시행착오를 겪는 것이다.

그 '언젠가'가 바로 시행착오를 겪는 '지금'이 되어야 한다. 지금 수행하는 프로젝트에는 도움이 되지 않을지라도 플로차트나 체크 시트 등의 양식류들을 만들어 놓는 것이다. '지금'은 그것이 불필요한 군더더기의 일처럼 여겨질지 몰라도 다음 프로젝트에서는 매우 훌륭한 작용을 하게 된다.

프로젝트의 경쟁력을 살리기 위해서는 반드시 좋은 체계를 갖춰야 한다. 그런데 그 체계를 갖추는 것은 저절로 되는 것이 아니다. 반드시 어떤 노력이 들어가야만 만들어지는 법이다. 그 노력을 들이는 최선의 방법은 '지금' 수행하는 프로젝트를 통해 체계를 갖추도록 하는 것이다.

타이밍을 놓쳤을지라도 다음을 위해 틀이라도 표준화해놓아야 한다.

...05
프로젝트 단위로 파일 관리를 하라

파일을 관리하는 것은 비단 프로젝트뿐 아니라 모든 일에 있어서 중요한 일이다. 파일 관리의 가장 큰 목적은 필요할 때 빠르게 찾기 위한 것이다. 나중에 필요하지 않은 파일이라면 관리할 필요조차 없다. 따라서 어떤 연유이건 간에 필요할 때 빠르게 찾기 위한 파일은 잘 관리하여야 한다. 프로젝트는 대부분 이런 범주에 포함되는 것들이다.

빠르게 찾는 데 가장 도움을 주는 요소는 체계적인 분류이다. 이는 족보 체계를 정리하는 것과 아주 흡사하다. 파일의 저장이 목적이 아니라 필요할 때 빨리 찾는 것이 목적이 되어야 그에 맞는 체계가 만들어진다.

이 책에서는 그러한 체계 중 일부인 프로젝트 파일을 관리하는 요령을 다루기로 한다.

우리는 앞에서 프로젝트를 성공적으로 완수하려면 초기관리를 잘해야 한다는 것을 배웠다. 그리고 그 초기관리를 잘하기 위해서는 그것을 잘할 수 있게 하는 '틀' 이 있어야 한다는 것과 그 틀이 바로 플로차트, 마스터 플랜, 체크 시트로 구성되는 것도 배웠다. 결국 여기서 말하는 파일이란 이 틀에 결과를 담은 것을 말하는 것이다.

초기관리 틀이 잘 만들어져 있을수록 어느 단계에서 어떤 문서류가 나와야 할지가 선명하다. 그런데 규정 상의 절차를 위한 근거 서류들을 제외하고 대부분의 문서들은 질적인 수준의 판단을 결정하는 체크 시트들이다. 우수한 초기관리 틀일수록 마스터 플랜과 체크 시트들로 파일이 구성된다. 빈틈없는 일의 절차와 철저한 질적 확인이 해당 프로젝트를 성공적으로 이끌어주는 것이다.

파일을 관리할 때 위와 같이 하나의 프로젝트를 통해 만들어지는 문서류를 하나의 파일이나 폴더에 묶어서 관리하는 것이 편리하다. 대개의 프로젝트들은 반복적으로 발생한다. 따라서 앞의 프로젝트들에서 만들어졌던 문서류들을 프로젝트 별로 꺼내서 볼

수 있다면 다음 프로젝트에 아주 유용하게 도움을 주는 결과를 얻
을 수 있다.

06...

문제가 발생하면
초기관리 틀에서부터 점검하라

프로젝트를 수행하는 과정에서 어떤 문제가 발생하였다면 그 문제의 원인이 어디에서 기인한 것인지를 명확히 하고 초기관리 틀에 반영해야 한다. 지금 수행 중인 프로젝트에서는 이미 문제가 발생해서 어쩔 수 없이 감당해야 하더라도 다음 프로젝트에서는 발생하지 않도록 하는 틀의 보강이 필요하기 때문이다.

〈그림 VI. 6-1〉에서와 같이 프로젝트 수행 시 어떤 문제가 발생하게 되면 무엇보다 먼저 그것과 관련된 초기관리 틀의 유무를 확인하는 것으로 시작해야 한다. 초기관리 틀이 없다면 당연히 그

154

문제 발생 경우와 대책 매트릭스

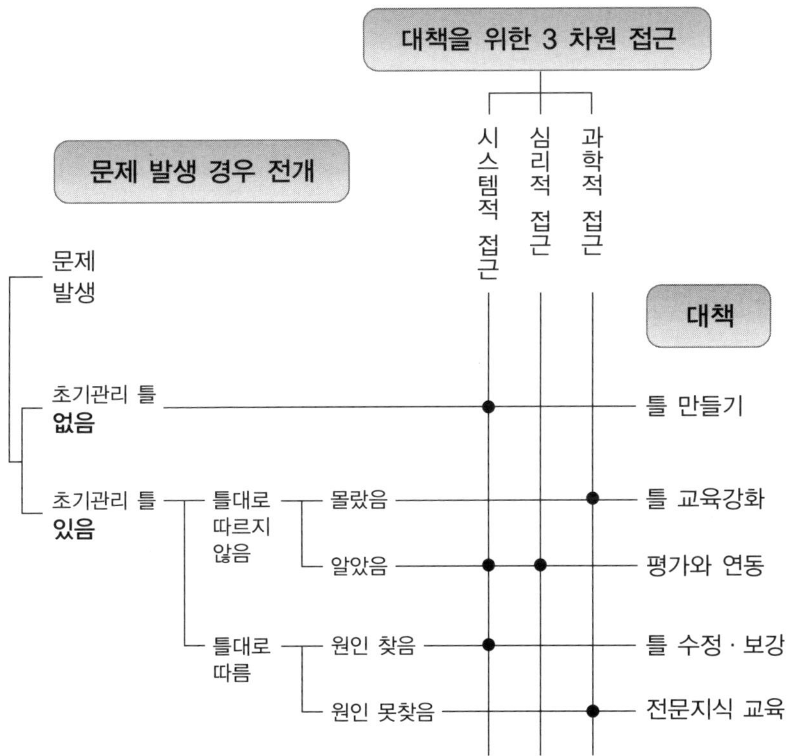

틀을 만들어야 하고, 틀이 있는데도 그런 문제가 발생했다면 그 다음엔 그 틀대로 따랐는지 여부를 확인한다.

틀대로 따르지 않았다면 그것을 몰랐기 때문에 따르지 못한 것인지, 알았는데도 따르지 않은 것인지를 확인해야 한다. 몰랐다면 교육을 시키는 것이 대책이 될 것이고, 알았는데도 따르지 않았다면 평가 체계 등과 연동시켜 꼭 따르도록 만들어야 할 것이다.

틀대로 따랐는데도 문제가 발생한 경우에는 그 원인을 밝혀 초기관리 틀을 수정, 보강하여야 한다. 원인을 못 찾는 경우에는 전문적인 교육을 강화하여야 한다.

프로젝트 수행 시 이런저런 시행착오가 나타날 수 있는데 그때마다 위와 같은 프로세스를 따라서 매듭짓기를 계속한다면 틀림없이 선순환의 궤도를 도는 경쟁력 갖춘 모습을 갖게 될 것이다.

...07

피드백 정보를 놓치지 않는
틀을 구축하라

어떤 프로젝트든지 시행 과정에서 문제가 발생하지 않는 것은 없다. 초기관리 활동을 아무리 잘하였어도 문제는 발생하게 마련이다. 어디든지, 무엇이든지 항상 변화하고 있기 때문에 그 변화하는 곳에서 크든 작든 간에 문제가 발생하게 된다.

여기서 문제라 함은 그 프로젝트의 시간을 지연시키는 것이나 프로젝트 결과의 질을 떨어뜨리는 것이라면 무엇이든지 해당된다. 단지 초기관리 활동을 잘 하였다면 그 문제들이 적게 나타날 따름이지 문제는 늘 나타나게 되어있다.

이렇게 프로젝트 진행 상에 나타나는 문제점을 당면 시점에서만 해소시키고 지나게 된다면 다음 프로젝트에 또 나타나게 될 가능성이 매우 높아진다. 따라서 중요한 것은 다음 프로젝트에 다시 나타나지 않도록 초기관리 틀에 피드백해야 한다. 다음 프로젝트에서 즉시 적용될 수 있는 상태를 만들어 놓아야 하는 것이다.

절차가 문제가 되었다면 수정된 절차로 플로차트를 바꿔 놓고 그에 따라 마스터 플랜을 수정해 놓아야 한다. 여기서 마스터 플랜의 수정은 플로차트의 순서대로 마스터 플랜 상에 열거해 놓는 것을 의미한다. 질적으로 확인해야 할 사항이 추가되거나 변경되었다면 체크 시트의 항목과 기준을 바꿔 놓아야 한다.

아주 잘 갖춰진 초기관리 틀이라면 위의 세 가지로 다 커버할 수 있다. 위의 세 가지만 잘 구비되어 있으면 가장 경쟁력 있게 프로젝트를 수행할 수 있음을 뜻한다. 해당 프로젝트에 열심으로 임하는 것도 중요하지만 어떤 문제가 발생했을 때 초기관리 틀까지 수정하여 마무리 해 놓는 것이 더 중요하다. 언제라도 수정된 틀대로 프로젝트가 진행될 수 있는 상태를 만들어 놓아야 한다.

그런데 조직이 커질수록 그리고 복잡해질수록 프로젝트 상에 나타났던 문제들이 초기관리 틀에까지 피드백되는 것이 취약해진다. 이러한 피드백을 활성화시키기 위하여 제안 제도를 활용하는 것도 좋다.

또한 어떤 프로젝트를 앞두고 '피드백 정보 수집 대회' 등의 이벤트를 갖는 것도 큰 효과를 볼 수 있다. 그리고 FMEA(Failure Mode Effect Analysis) 등의 시스템을 구축하여 풀리지 않는 과제에 대한 노력을 들이게 하는 것도 필요하다.

VII.
프로젝트의 **다양한 사례**

어떠한 프로젝트일지라도 초기관리 틀을 적용하면 틀림없이 큰 효과를 볼 수 있다. 초기관리 틀을 형식적으로가 아니라 실질적으로 소화하면 할수록, 또한 어느 일부분이 아니라 전체가 적용을 하면 할수록 시너지 효과가 커질 것이다.

기업의 성공 사례

삼성반도체의 사례

필자는 삼성반도체 재직 시절에 본 초기관리 틀을 본격적으로 적용하여 아주 큰 성공을 이루었다.

메모리 반도체 사업은 제품의 세대 교체가 빨라서 거의 1, 2년마다 한 개의 생산 공장이 지어지는 것이 보편적이다. 그런데 한 개의 공장을 짓는 데 들어가는 투자비용이 1~2조 원 정도로 막대한 까닭에 빨리 짓고, 빨리 셋업하고, 빨리 양산에 진입하여야 감가상각비의 부담이 줄어들게 된다. 그런데 빨리 짓고 빨리 셋업하는 것은 아주 잘하는 편이지만 빨리 양산에 진입하는 것이 항상 문제였다.

설비 셋업을 빨리 하는 와중에 완전하게 처리하지 못한 것들이 너무나 많았던 것이 그 원인이었다. 신규 공장이 셋업되면 으레 수율은 20% 이하에서 시작되었고 이것이 정상 궤도에 오르기까지는 보통 1년 정도는 족히 걸렸다.

그런데 본 초기관리 틀을 적용한 시점부터는 상황이 완전히 바뀌었다. 첫 수율은 기존 공장보다 더 높게(보통 80~90%) 나왔고 당연히 아주 빠른 기간 내에 양산에 진입하여 투자 회수를 빠르게 할 수 있게 되었다.

처음에 초기관리 틀을 적용할 때는 저항도 만만치 않았다. 가장 컸던 저항은 '바빠 죽겠는데 일일이 마스터 플랜을 만들고, 체크 시트를 만드는 등의 일을 해야 하느냐? 는 것이었다. 지금까지 하지 않던 일을 하려니 당연히 그런 생각이 들었던 것이다.

하지만 해당 공장 책임자와 전담 추진자가 힘을 모아 꿋꿋하게 이를 적용해 갔다. 어느 경우에는 좀 지나칠 정도로 서류를 만들다시피 하면서까지 초기관리 틀을 적용시킨 것이다

수많은 사람들이 이전보다 훨씬 철저하게 마스터 플랜을 만들었다. 마스터 플랜이 철저하니 자연히 관리상의 빈틈이 줄어들었다. 결과적으로 시행착오와 빠뜨리는 것들이 현격히 줄어들었다.

또한 이전에는 체크 시트의 개념이 부족해 확실히 확인하지 않고 지나친 것이 많았었는데 확인해야 할 거의 모든 곳에서 전부 체크 시트를 동원하여 데이터로 확인하고 그 근거를 남기고 넘어갔다. 행위로만 보면 수많은 엔지니어들의 일이 많이 늘어난 것임에 틀림없었다.

그러나 모든 초기관리 과정을 마치고 첫번째 LOT의 수율을 확인하는 순간 모두들 환희의 탄성을 질렀다. 그때로서는 도저히 상상할 수 없었던 최고의 수율이 나왔기 때문이다. 그 이후로는 당연히 모든 신규 공장에서 초기관리 틀을 적용하게 된 것은 말할 나위가 없다.

하이닉스의 사례

하이닉스에서도 이 초기관리 틀을 적용하여 큰 변화를 이루었다. 메모리 사업 특성상 신규 공장을 계속해서 증설해야만 그 사업이 지속될 수 있는데, IMF 구조 조정 이후 무려 5년 이상 신규 투자가 불가능한 상황이었다. 자금이 부족한 것이 가장 큰 걸림돌이었다.

하지만 투자를 계속하지 않으면 차세대 제품들을 만들어 팔 수가 없게 되므로 반드시 투자를 해야만 살아 남을 수 있는 상황이었

다. 그래서 어쩔 수 없이 기존 공장을 리모델링하는 방법을 선택하
게 되었다. 공장 건축비를 절감하여 자금 부담을 줄이자는 목적이
었다. 사실 반도체 업계에서는 새로운 공장을 증설하는 것보다 리
모델링을 하는 것이 훨씬 더 어렵다는 설이 지배적이었다. 그럼에
도 불구하고 리모델링을 선택할 수밖에 없었던 것은 그만큼 상황
이 절박했기 때문이었다. 그런데 결과는 대성공이었다. 그리고 그
때 성공을 이루는 데 큰 기여를 한 것이 이 초기관리 틀의 활용이
었다. 사상 유례없이 짧은 공사 기간, 짧은 셋업 기간, 최고의 수율
등을 단숨에 이뤄낼 수 있었던 데에는 이 틀을 적용하여 수많은 사
람들의 시행착오를 최소화하고, 사전에 미리 준비하는 정도를 높
인 것이 핵심적으로 작용하였다고 할 수 있다.

또한 하이닉스의 제품 개발을 하는 부문에서도, 이전에는 거의
이러한 초기관리 틀의 개념 없이 각 개인의 페이스로 일하던 것을,
전 부문에서 모두 이 초기관리 틀을 적용하여 개발 업무를 수행하
게 되었다. 그 결과, 신제품 개발 기간 단축을 통하여 회사의 이익
구조 개선에 크게 기여하는 위력을 발휘하게 된 것이다. 경쟁 회사
들과 비교해볼 때 인적 구조나 인프라 구조가 불리한 상황이었지
만 초기관리 틀을 착실히 적용하는 것으로 그 불리함을 극복한 것
이다.

　이와 같이 어떠한 프로젝트일지라도 초기관리 틀을 적용하면 틀림없이 큰 효과를 볼 수 있다. 초기관리 틀을 형식적으로가 아니라 실질적으로 소화하면 할수록, 또한 어느 일부분이 아니라 전체가 적용을 하면 할수록 시너지 효과가 커질 것이다.

02...

공부에 프로젝트 방식을
적용한 사례

이렇게 큰 프로젝트가 아닌 것에서도 얼마든지 좋은 사례를 찾아볼 수가 있다. 우리가 가장 흔히 접할 수 있는 아이들의 공부를 사례로 들어보기로 하자. 어떤 중학생이 있는데 보통 한 학년에 1학기 중간고사와 기말고사 그리고 2학기 중간고사와 기말고사, 이네 개의 행사가 큰 축이 되어 1년이 나뉘게 된다.

따라서 이 학생의 1년을 나눠보면, 〈1학기 시작 ~ 중간고사 공부 시작 ~ 중간고사 끝나고 ~ 기말고사 공부 시작 ~ 기말고사 끝나고 ~ 여름방학 시작 ~ 2학기 시작 ~ 중간고사 공부 시작 ~ 중간고사 끝나고 ~ 기말고사 공부 시작 ~ 기말고사 끝나고 ~ 겨울방학 시작 ~ 다음 1학기 시작〉의 12구간으로 나뉜다. 따라서 각 구간이 하나의 프로젝트가 될 수 있는 것이다.

이러한 구간을 프로젝트로 인식하고 공부하는 학생과 그렇지 않은 학생과는 공부하는 과정에 큰 차이가 나타날 수밖에 없다. 그런데 이 12구간은 그 성격상 크게 세 종류로 나뉜다. 평상시(A)와 시험기간(B)과 방학(C)으로 구별되는 것이다. 세 종류의 프로젝트가 12개 존재하는 것이다. 따라서 초기관리 틀은 세 종류가 있으면 된다. 평상시에는 평상시에 필요한 학습을 하도록 한다. 그리고 시험기간에는 시험을 잘 보기 위한 학습을 하도록 한다. 그리고 방학 중에는 특별한 계획을 세워 진행하도록 한다.

여기서 중요한 것은 제시된 사례가 아니고 이러한 식으로 프로젝트를 구별해내는 요령이다. 이러한 식으로 프로젝트를 구별해낸다면 우리의 주변에는 거의 대부분이 프로젝트가 될 것이다.

이 책에서는 이 중에서 평상시(A) 학습 프로젝트 사례를 초기관리 틀 적용에 대한 이해를 도모하는 차원에서 소개하기로 한다.

평상시(A) 프로젝트의 전모를 담은 플로차트는 〈그림 Ⅶ 2-1〉과 같다.

이러한 플로차트를 통해서 전체 프로젝트의 윤곽이 장악된다.

일단 윤곽이 장악되면 그것을 〈표 Ⅶ. 2-2 평상시(A) 학습 프로젝트 마스터 플랜〉같이 순서대로 나열해 놓으면 된다. 마스터 플랜까지 만들어지기만 하면 그 다음부터는 각 개인의 자주성과 자발성이 살아나게 되어 있다.

결국 프로젝트의 경쟁력 있는 성공은 업무수행자(공부하는 학생)의 자주성과 자발성에 달려 있다. 자주성이란 누가 시키지 않아도 스스로 해내는 특성을 뜻하고, 자발성이란 적극적인 의욕을 보이며 임하는 특성을 뜻한다. 이러한 것이 바탕이 될 때 정말 중요한 창의성도 생겨나는 것이다.

앞의 플로차트에 매겨진 번호와 마스터 플랜의 번호가 일치하는 점을 고려하여 본다면 이해가 빠를 것이다. 이와 같이 마스터 플랜이 만들어지기만 하면 그 다음부터는 착실한 이행만 하면 되는 것이다. 본 마스터 플랜은 착실한 이행을 위한 관리표로 활용을 하게 되는 것이다.

체크 시트는 프로젝트의 성격에 따라서 그 형태가 다양하게 나올 수 있다. 〈표 Ⅶ. 2-3〉에서는 학습하는 과정을 착실히 지키게 하기 위하여 적용한 체크 시트가 소개된 것이다. 이는 앞의 마스터 플랜에서 10번 항목에 해당된다. 평상시(A) 학습을 프로젝트로 인식하여 학습을 진행할지라도 이와 같은 체크 시트를 활용하여 매일 점검하면서 하는 것과 그냥 지나가는 것은 학습의 착실도에 큰

프로젝트 타 입	구 간	시 작	끝
A	1구간	1학기 시작	～ 중간고사 공부 시작
B	2구간	중간고사 공부 시작	～ 중간고사 끝
A	3구간	중간고사 끝	～ 1학기 기말고사 공부 시작
B	4구간	1학기 기말고사 공부 시작	～ 1학기 기말고사 끝
A	5구간	1학기 기말고사 끝	～ 여름방학 시작
C	6구간	여름방학 시작	～ 여름방학 끝
A	7구간	여름방학 끝	～ 2학기 중간고사 공부 시작
B	8구간	2학기 중간고사 공부 시작	～ 2학기 중간고사 끝
A	9구간	2학기 중간고사 끝	～ 2학기 기말고사 공부 시작
B	10구간	2학기 기말고사 공부 시작	～ 2학기 기말고사 끝
A	11구간	2학기 기말고사 끝	～ 겨울방학 시작
C	12구간	겨울방학 시작	～ 겨울방학 끝

그림 VII. 2-1 평상시(A) 학습 프로젝트 플로차트

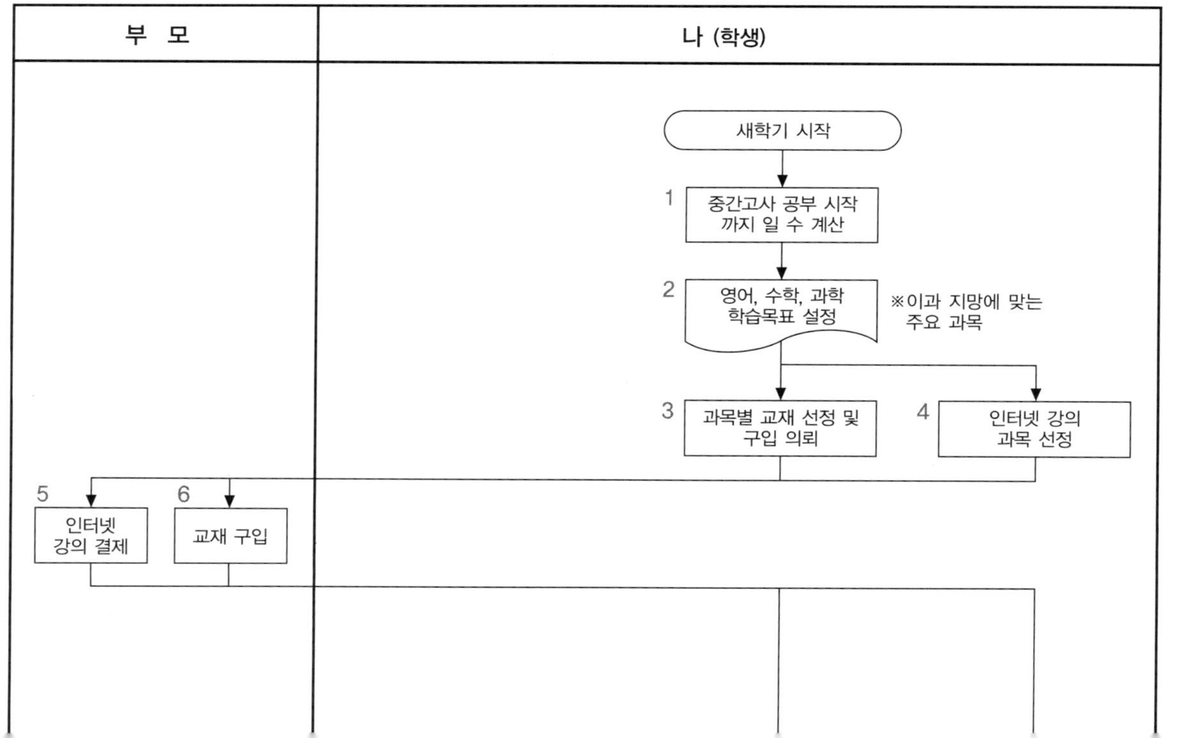

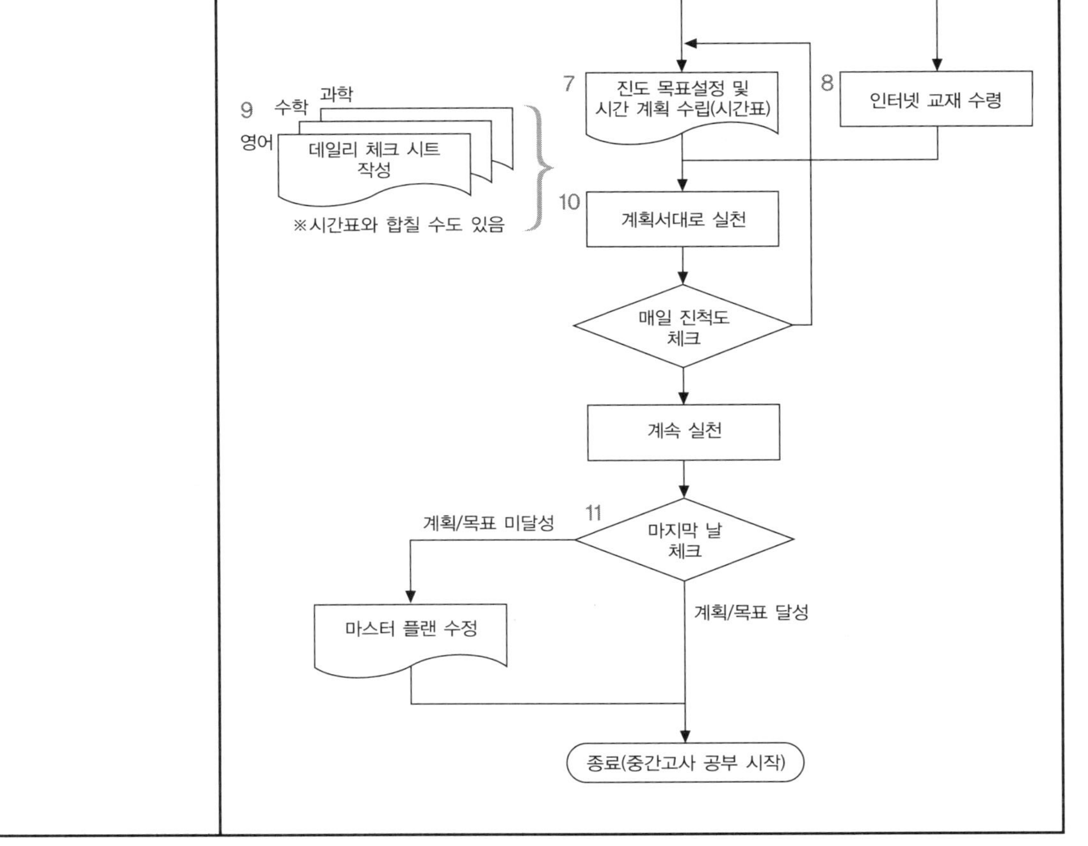
7 진도 목표설정 및 시간 계획 수립(시간표)
8 인터넷 교재 수령
9 수학 과학
영어 데일리 체크 시트 작성
※시간표와 합칠 수도 있음
10 계획서대로 실천
매일 진척도 체크
계속 실천
11 마지막 날 체크
계획/목표 미달성
마스터 플랜 수정
계획/목표 달성
종료(중간고사 공부 시작)

영향을 미친다. 결국 총 프로젝트의 성과는 하루 하루의 성과가 합쳐진 것이기에 이러한 체크 시트가 더욱 큰 의미를 갖는다.

〈표 Ⅶ. 2-4〉 최종 점검 시트는 프로젝트의 수행결과를 총점검하는 것이다. 이를 통해 다음 프로젝트에 반영해야 할 점들을 놓치지 않고 잡아내게 된다. 즉 플로차트가 잘못되었으면 플로차트를 수정하고 체크 시트가 보강되어야 하면 그것을 보강하는 등의 다음 프로젝트를 위한 초기관리 틀의 업그레이드를 시행하는 것이다.

이 사례를 적용한 학생은 항상 전교 상위 1% 범위의 성적을 유지하면서도 태권도 3품(단)을 땄고, 지금도 평상시에는 탁구를 이틀에 한번 꼴로 즐기고 있으며, 방학 중에는 수영, 테니스, 농구 등의 레슨을 받을 정도이다. 그러면서도 거의 매일 독서를 쉬지 않을 정도로 여유가 있는 생활을 하고 있다. 이 모든 것이 매 학년을 프로젝트로 구분하여 초기관리 틀을 적용한 결과이다.

물론 이 초기관리 틀을 적용하기만 하면 모두가 상위 1%의 성적을 유지하게 되는 것은 아닐 것이다. 다만 적용하지 않을 때보다 훨씬 좋은 성적을 낼 것이라는 것이 본 사례의 초점임을 놓치지 말아야 한다.

이와 같은 방법으로 공부를 진행하면 '학생이 너무 힘들지 않을까?' 라는 의구심을 갖는 사람도 있을 것이다. 그러나 실제로 이렇

　평상시(A) 학습 프로젝트 마스터 플랜

프로젝트명	평상시(A) 학습 프로젝트				
성과목표	영어: 1~3과 암송, 수학 · 과학: 문제지 모의고사 100점				
일정목표	2007. 3. 1 ~ 4. 15	작성자		2007. 2. 28 김규태	
No	진 행 절 차	담당자	계 획	실 적	비 고
1	중간고사 공부 시작일까지 일 수 계산	학 생 (김규태)	3/1	3/1	
2	영어 · 수학 · 과학 학습목표 설정	학 생	3/1	3/1	
3	과목별 교재선정 및 구입 의뢰	학 생	3/2	3/2	
4	인터넷 강의선정 및 결제 의뢰	학 생	3/2	3/2	
5	교재 구입	부 모	3/3	3/3	
6	인터넷 강의 결제	부 모	3/3	3/3	
7	진도 일정목표 설정 및 시간계획(계획표) 수립	학 생	3/3	3/4	
8	인터넷 교재 수령	학 생	3/5	3/5	
9	데일리 체크 시트 작성	학 생	3/5	3/5	
10	계획대로 실천	학 생	매일	매일	데일리 체크 시트를 매일 점검
11	최종 점검	학 생	4/15	4/15	

평상시(A) 학습 데일리 체크 시트		체크 일시	2007. 3. 6 ~ 4. 15
		체 크 자	김 규 태

영 어	수 학		과 학		비 고
	참고서	인터넷	참고서	인터넷	

기 준	매일 5회 들으며 따라하기	매일 1장	매일 1과	매일 1장	매일 1과	
3/6	5(회)	1	1	1	1	
3/7	5	1	1	1	1	
3/8	×	1	1	1	1	감기로 목이 아파 쉼
3/9	10	×	×	×	×	피곤하여 일찍 잠
3/10	5	2	2	1	1	
3/11	1	1	1	2	2	
4/14	1	1	1	1	1	
4/15	1	1	1	1	1	

게 진행해보면 오히려 정반대의 상황이 만들어진다. 우선 학생의 자주성이 확보되므로 부모가 잔소리하는 횟수가 줄어들고, 학생이 무엇을 해야 할지를 명확히 인식하게 되므로 어영부영하며 버리는 시간이 없어진다. 또한 계획을 짜임새 있게 진행하면서 이전보다 훨씬 짧은 시간에 효과적으로 학습을 하게 되어 시간이 오히려 많이 남게 된다. 따라서 다른 취미생활을 계획적으로 할 수 있는 유익한 생활이 가능하게 되는 것이다.

이러한 점들이 프로젝트를 프로젝트답게 진행하면서 얻는 점이다. 여기서 중요한 것은 1년을 총 12개의 프로젝트로 보고 각각의 프로젝트별로 계획을 세워서 짜임새 있게 진행하며 매듭을 짓는다는 것이다. 이렇게 12개의 프로젝트로 진행하며 1년을 보낸 학생과 그냥 막연히 1년을 보낸 학생과는 학업성취도에 큰 차이가 나타날 것이다.

이와 같이 프로젝트화하여 학습을 하는 것은, 비싼 과외를 시키거나 학원엘 보내지 않고도, 또 학생을 지나치게 공부에만 매달리게 하지 않으면서도 좋은 성적을 낼 수 있게 하는 비결이다. 물론 학습의 강도는 계획을 어떻게 짜느냐에 따라 달라지는 것이므로 이러한 것도 각 학생이 처한 상황에 맞게 수립하면 될 것이다.

평상시(A) 학습 최종 점검 시트		체크 일시	2007. 4. 15
		체 크 자	김 규 태

과 목	체크 항목		기 준	결 과	판 정	비 고
영 어	목표 진도를 달성했는가?		3과	3과	○	
	책 없이 암송되는가?		암송	암송	○	
	틀리는 부분은 없는가?		틀림 없음	3회 틀림	×	좀더 집중해서 매일 암송
수 학	목표 진도를 달성했는가?	참고서	40장	38장	×	소풍 가는 날 건너뜀
		인터넷	40과	38과	×	상 동
	모의고사		100점	96점	×	계산 미스
과 학	목표 진도를 달성했는가?	참고서	40장	38장	×	소풍 가는 날 건너뜀
		인터넷	40과	38과	×	상 동
	모의고사		100점	100점	○	

03

초기관리 부실로 손실을 입은 사례

초기관리 틀을 잘 만들고 적용해서 효과를 본 사례는 이외에도 무수히 많다. 그러나 우리 주변에는 초기관리를 제대로 못해서 낭패를 보는 역사례는 비교할 수 없을 정도로 많다. 그러한 역사례를 소개하여 초기관리의 이해를 더욱 쉽게 해보자.

해외여행을 갈망하면서도 결국 떠나지 못하는 사람

해외여행을 떠나고 싶어하는 한 사람이 있는데, 10년이 넘도록 실천을 못 하는 사람이다. 그는 해외여행이 자신에게는 어울리지 않는 일이라고 생각한다. 어딘가를 가고 싶은 생각이 들어서 시도를 하려고 하면 당장 목돈이 필요해서, 업무와 스케줄이 맞지 않아서, 또 함께 여행할 가족들의 사정이 제각각 달라서 갈 수 없는 상황이 되어버리기 일쑤이기 때문이다. 그러다보니 그는 해외여행은 팔자 좋은 사람들만 가는 것이라고 생각하게 되어 자신의 처한 현실을 비관적으로 바라보는 지경에까지 이르렀다. '누구는 결혼을 잘해서 저런 팔자가 되었다' 는 등의 볼멘 소리를 하면서 환경과 운명 탓으로만 돌리고 해외여행은 아예 포기하고 사는 것이다.

이러한 사람은 이 책에서 제시하는 초기관리 틀을 만들어서 적용하면 틀림없이 해외여행을 떠날 수 있을 것이다. 즉, 1년 정도 전부터 여행을 떠나기 위해 해야 할 일들을 차례대로 늘어놓고 일정 계획을 차근차근 시행해간다면 자연스럽게 해외여행을 떠날 수 있을 것이다. 초기관리는 미리 철저히 준비하고 시행하는 것에 그 본질이 있는데, 이와 같이 하면 자연스럽게 미리 철저히 준비하고 시행하는 것을 실천하게 될 것이기 때문이다.

강사에게 필요한 준비물을 갖추지 못한 경우
한 회사에서 아주 유명한 강사를 초빙하여 시설이 아주 좋은 강의장에서 사원들에게 교육을 시키게 되었다. 그런데 그 강사의 강의는 칠판에 판서를 하면서 강의하는 스타일이라서 그것이 준비되어 있지 않으면 교육 효과가 반감되는 특징을 가지고 있었다. 하지만 강의 준비를 하는 사람들은 그것을 세심하게 챙기지 못했다. 그 결과 강의실은 무척 훌륭하게 준비되어 있었지만 강의하는 데 가장 핵심적인 화이트보드와 보드마커 등의 필기구가 준비가 되어 있지 않았다. 나중에서야 그것을 준비하느라 많은 시간을 허비하고 말았다.

이 경우는 교육 실시 프로젝트의 과정 중에서 준비물을 챙기는 과정이 누락되었기 때문에 발생한 사례이다. 즉 초기관리 과정이 허술하였기 때문에 발생한 것이다.

중요한 회의의 시간을 맞추지 못한 경우

한 부서에서 중요한 의사결정을 하기 위해 사장을 포함한 중역들을 모시고 프리젠테이션을 하는 자리가 있었다. 그런데 정해진 시간을 맞추지 못하는 바람에 결정에 가장 큰 영향을 끼치는 사장이 약속시간 때문에 자리를 뜬 뒤에야 그 일의 핵심이 발표되는 프리젠테이션이 되고 말았다. 결국 중요한 의사결정은 재가를 받지 못하게 되었고 그로 인해 그 부서장의 자리가 바뀌게 되었다.

이는 시간 맞추기 리허설을 준비 과정에 넣지 못해서 생긴 것이다. 보다 철저하게 프로젝트를 관리하지 못하고 부하 직원들에게 행사를 맡긴 채 안일하게 임했던 결과라 할 수 있다. 마스터 플랜과 체크 시트를 세밀하게 적용하였더라면 발생하지 않았을 것이다.

수능시험 입실시간을 못 맞춰 허둥대는 학생

수능시험 당일에 교문이 닫히기 직전에 도착하여 허겁지겁 허둥대는 학생들이 있다. 수험장소가 발표되었을 때 평소에 너무나 잘 아는 곳이라서 아무런 확인도 없이 수험 당일에 떠났는데 도중에 지하도가 공사중이라 큰길을 1차선만 남겨놓고 공사를 하는 상황이 벌어진 것이었다. 게다가 수험생들이 탄 차들 때문에 길이 밀려서 시간이 많이 지체되는 결과를 빚게 되었다.

그런 중요한 시험을 치는 장소는 그 전날 꼭 현장답사를 하는 초기관리 단계가 필요한데 그것을 소홀히 한 것이 문제를 일으킨 것이다.

부품 개선을 시도했는데 설치할 때 맞지 않는 부분이 발견된 경우

반도체 제조공정에서 한 부품을 개조하여 생산성을 높이기 위한 시도를 했다. 반도체 제조에 사용되는 가스를 분사시키는 인젝터의 길이를 길게 하는 것이었다. 그런데 총 세 개의 인젝터 중 하나의 길이가 다른 두 개와 달라야 하는 점을 확인하지 못하고 세 개를 동일하게 설계 제작했다. 제작이 끝나 새로운 부품을 장착하려고 하니 당연히 맞지 않는 일이 벌어지게 된 것이다. 담당 엔지니어가 세 개의 구조를 다 확인하지 않고 두 개만을 확인하고 동일한 결과를 얻자 남은 한 개는 확인하지 않고 같을 것이라고 생각하고 모두 동일하게 제작한 것이다. 그러나 마지막 한 개의 길이가 약간 다른 구조였기에 새로 제작한 부품이 기계에 맞을 수가 없었다. 그 결과 처음부터 새로 설계하고 다시 제작하는 과정을 거쳐야 하는 큰 손실을 내게 된 것이다.

이렇게 아주 사소한 것 하나 때문에 매우 큰 손해를 입게 된다. 체크 시트만 철저히 적용했어도 막을 수 있었던 일이다. 프로젝트가 크면 클수록 아주 사소한 것이라도 정확하게 체크하지 않고 '그럴것이다'라는 추정으로 판단하고 넘어가서는 안 된다.

무작정 여름휴가를 떠났다가 그날 되돌아온 가족

어느 가정이 여름휴가가 한창일 때 강원도로 휴가를 떠났는데 펜션과 민박 등 모든 숙박업소가 전부 꽉 차서 결국 그날로 되돌아와야 했다. 사전에 충분히 미리 계획을 하고 예약을 했어야 하는데 분주히 살다가 그럴 기회를 놓치고만 것이다. '그냥 가보면 설마 민박할 곳 하나 없으랴' 하는 생각으로 떠났으나, 결국은 묵을 곳만 찾다가 허탕치고 피곤한 몸을 안고 돌아오게 된 것이다. 함께 갔던 가족들의 실망은 이루 말할 수도 없고 휴가가 아니라 고생만 하고 돌아온 꼴이 되고 말았다.

사전에 조금만 신경 써서 예약을 하기만 했어도 아주 훌륭한 휴가가 되었을 것인데 그 타이밍을 놓쳐서 정반대의 결과를 보게 된 것이다.

동일한 사안을 가지고 반복적으로 꾸중을 듣는 사람

한 회사의 어떤 과장은 회의 때마다 상사로부터 꾸중을 듣는다. 그가 회의 때 발표하는 자료를 자기중심적으로 만들어서 보는 사람이 알아보기 어렵기 때문이다. 그런데 매번 주의를 줘도 고쳐지지 않는 것이 문제이다. 그것이 매 회의 때마다 반복되니까 거의 낙인이 찍히는 지경에까지 이르렀다. 자신도 매우 괴로운 상황이 계속되는 것이다.

이 사람은 발표 자료나 보고서 작성시에 반드시 철저한 초기관리 과정을 거쳐야만 이러한 상황에서 벗어날 수 있다. 즉 다른 사람들이 원하는 자료를 만들기 위해서는 어떤 절차를 밟아야만 하는지, 그것을 빈틈없이 나열하고 사전에 충분한 계획을 수립하여, 착실히 준비하는 과정을 밟아야만 한다.

반도체 클린 라인에 새 설비 증설 중 발생한 사례

어떤 반도체 회사에서 클린 라인에 새 설비를 증설하는 일이 생겼다. 현장의 낡은 설비를 빼내고 그 자리에 새 설비를 들여 놓는 일이다. 생산 계획이 빠듯하게 잡혀 있어서 철저한 시간 계획을 수립하여 한치의 빈틈도 없이 일사불란하게 움직일 수 있도록 만반의 준비를 하고 정해진 시간이 되자 작업에 착수하였다.

밖에서는 새 설비의 포장을 뜯었고 안에서는 구 설비의 생산을 중단하고 해체를 시작하였다. 새 설비는 클린 라인에 들어가는 고가의 첨단 설비여서 대기 중에 노출되는 시간이 길어지면 악영향을 미치기 때문에 신속하게 작업을 해야만 했다.

모든 것이 순조로운 듯했다. 그러나 뒤늦게 정작 장비를 운반하는 통로에 깔 철판들이 크리닝이 되지 않은 상태인 것을 발견하게 되었다. 클린 라인을 오염시키는 것은 수율에 큰 악영향을 미치기 때문에 그대로 사용할 수가 없는 상태였던 것이다. 그때부터 수십 장에 달하는 철판들을 크리닝하는 작업을 해야만 했고, 그로 인해 새 설비를 다시 포장하는 등 오랜 시간을 허비하게 되어 생산에 적지않은 차질을 빚게 되었다.

이 역시 철저한 마스터 플랜이 없었던 탓에 생긴 일이다. 이렇게 규모가 큰 일일수록 플로차트 없이 마스터 플랜을 만들면 꼭 빠뜨리는 것들이 생기기 마련이다. 따라서 이 책에서 제시한 대로 착실히 초기관리 틀을 만들고 실천하는 것이 필요하다.

| 전산 시스템에 레시피를 미리 준비하지 않아서 작업이 오래 지연되는 사례

반도체를 주문 제조하여 판매하는 회사에서는 고객과의 약속 납기 준수가 생명이라 할 수 있을 정도로 중요하다. 대부분의 고객들은 빠르게 변하는 시장에 대응하기 위하여 될수록 빨리 납품해주기를 원한다. 그래서 주문을 받을 때 아주 빠듯하게 납기일을 약속하는 경우가 대부분이다. 따라서 주문이 들어오면 모든 분야에서 일사불란하게 정해진 계획대로 움직여주어야 한다. 그런데 이

러한 일이 많이 생기고 또 조직이 복잡하게 얽혀 있기 때문에 여기 저기서 크고 작은 시행착오들이 발생하기가 쉽다.

그중 하나가 여러 개의 공정에서 전산 시스템에 레시피를 미리 준비해야 하는 것이다. 이 레시피가 없으면 해당 공정의 작업을 할 수 없기 때문에 반드시 있어야 한다. 그런데 이를 준비하는 엔지니어들이 이런저런 일로 분주하다보면 레시피 준비를 빠뜨리는 경우가 많다. 이런 일이 발생하면 자연히 납기를 맞추기 어렵게 되고 따라서 모든 관련자들이 비상한 노력을 들여야만 하는 상황으로 이어지게 된다.

빠뜨리면 안된다는 것을 알면서도 빠뜨리는 것이다. 구조적으로 빠뜨릴 수밖에 없는 상황이기 때문이다. 그래서 명문화된 마스터플랜과 체크쉬트가 절대적으로 필요한 것이다. 아무리 머리가 좋은 사람이라도 휴먼 에러를 범할 수 있기 때문이다.

어떤 사람이 등산을 가서 야간에 산행을 하게 되었는데 얼마 지나지 않아 랜턴의 배터리 수명이 다 되어서 빛을 내지 못하는 상황이 되고 말았다. 야간 산행은 숲 속의 험한 길을 걷는 것이기 때문에 매우 위험하다. 불을 밝히는 기구도 없이 야간 산행을 한다는 것은 거의 불가능한 일이다. 하지만 산행을 계속하지 않으면 안 되는 상황이었기에 그는 런닝셔츠와 양말을 이용해 횃불을 만들어 산행을 계속하였다.

짐을 꾸릴 때 좀 더 철저한 준비물 확인 과정을 밟았으면 랜턴 배터리의 성능을 확인할 수 있었을 것이고, 예비 배터리도 준비할 수 있었을 것이다. 위험한 등산 길을 떠날 때는 보다 확실한 초기 관리 틀에 입각한 준비를 해야 한다.

한 출판사에서는 새로 출판한 책의 한 부분이 편집된 사진과 내용이 맞지 않고 뒤바뀌어서 전부 폐기하고 새로 작업을 하는 시행착오를 범하였다. 엄청난 로스를 초래한 시행착오인 것이다. 인쇄 들어가기 전에 필름을 확인하는 과정에서 실수를 잡아내지 못하고 지나쳐서 그런 큰 일이 생기게 된 것이다.

물론 필름 작업을 하기 전에도 초기관리를 잘하였다면 아예 수정할 일이 없도록 할 수 있을 것이다. 필름이 나왔다 하더라도 인쇄하기 전 단계에서의 확인을 철저히 하는 것은 필수적인 과정이 될 것이다. 반드시 체크 시트를 활용하여 빈틈없이 일일이 짚어가면서 확인하도록 해야 한다. 체크 시트로 확인하는 과정이 다소

188

힘들지 몰라도 인쇄를 다시 하는 손해에 비하면 아무것도 아닌 것이다.

레이저포인터가 없어서 브리핑 효과가 반감된 사례

어떤 컨설턴트가 중요한 계약에 필요한 브리핑을 위해 자료를 꼼꼼히 챙기고 만반의 준비를 갖추고 브리핑 장소에 도착하였다. 그런데 막상 브리핑을 하려는데 레이저포인터가 없어서 주요 내용을 효과적으로 전달을 하지 못하는 결과를 낳았다. 여러 고위 임원들 앞에서 레이저포인터로 짚으면서 설명했으면 훨씬 더 나은 전달효과를 낼 수 있었는데 레이저포인터를 챙겨 가지 못한 것이 큰 아쉬움이 되었다. 자료를 아무리 잘 만들었어도 전달을 잘 하지 못하면 소용이 없는 상황인데 아주 사소한 것 같은 레이저포인터가 얼마나 중요한 기능을 하는지 깨닫는 순간이었다.

중요한 브리핑도 하나의 프로젝트이다. 아주 세밀한 체크 시트로 철저한 준비를 할 수 있도록 하는 것이 매우 중요한 작용을 하는 것이다.

사병들의 휴가 시 안전사고가 발생하는 사례

군대에서 사병들의 정기 휴가 등 다양한 휴가를 보내는데, 간혹 안전교육을 시키지 않고 보내는 경우가 있다. 항상 있는 일이기 때문에 그냥 신고식만 하고 떠나게 하는 것이다. 그런데 어쩌다가 한 번은 꼭 사고가 발생한다. 교통사고, 음주사고, 시간미준수 등등 각종 사고가 발생한다.

휴가 등을 보낼 때는 이러한 가능한 사고들에 대한 안전교육을 꼭 시키는 내용이 절차 상에 명문화되어 있어야 한다. 그래서 하나도 빠뜨림없이 교육 지도를 하고 휴가를 보내도록 해야 한다. 안전사고는 매일 일어나는 일이 아니다. 거의 일어나지 않다가 어쩌다 한 번 발생하면 그것이 낭패가 되는 것이다. 이러한 절차가 초기관리 틀에 포함되는 내용이다.

장비 납품 시 결품이 발생하여 시간 지연 및 핸드캐리 비용이 발생하는 사례

어떤 회사에서 일본으로부터 새로운 설비를 구입하는 일이 있었다. 그런데 설비를 셋업할 때 중요한 핵심 부품 중 하나가 빠진 것이 발견되었다. 아주 고가의 설비를 들여와서 될수록 빨리 가동을 해야 하는 상황이었는데 가동이 지연되게 된 것이다. 즉시 납품 처에 연락해 사람이 직접 들고 비행기 편으로 공수하도록 조치를 취해야만 했다. 체크 시트가 있었고, 거기에 그 부품을 체크하도록 되어 있었지만, 검사 담당자가 점검할 때에 건성으로 표시만 해서 빠진 것을 확인하지 못한 것이다.

아무리 좋은 틀이 있어도 그것을 확실하게 적용하지 않으면 아무런 소용이 없음을 보여주는 사례이다.

지금까지 보여준 사례들은 글로 설명하기 쉬운 사례로써 아주 작은 프로젝트에 해당되는 것들이다. 실제로 우리 주위에서는 이보다 더 규모가 큰 프로젝트에서도 숱하게 시행착오가 발생하며 손실을 유발하고 있다. 이보다 규모가 더 큰 프로젝트들의 실패 사례를 설명하려면 그 복잡성이 크기 때문에, 글로 표현하는 데 한계가 있어서 표현하지 않았을 따름이다.

따라서 독자들에게 이를 통하여 우리 주위에 초기관리 활동을 잘 해야 하는 프로젝트들이 얼마나 많은지를 생각하면서 읽기를 당부한다.

낭패를 보거나 실패한 사례에서 알 수 있듯이 아주 사소한 것으로 생각되는 것이 굉장히 중요한 작용을 하면서 전체 프로젝트의 성과를 떨어뜨리는 결과를 빚게 한다. 이러한 것은 그 프로젝트의 규모가 크면 클수록 더 많이 일어난다.

　따라서 이러한 일이 발생하지 않게 하기 위해서는 초기관리 활동을 적극적으로 해야 한다.